解放用户

以人民为中心的现代服务理念与实践

孟振平 ◎ 著

中共中央党校出版社

图书在版编目（CIP）数据

解放用户：以人民为中心的现代服务理念与实践/
孟振平著．--北京：中共中央党校出版社，2021.6
ISBN 978-7-5035-7086-5

Ⅰ．①解⋯　Ⅱ．①孟⋯　Ⅲ．①电力工业-工业企业-
商业服务-研究-中国　Ⅳ．①F426.61

中国版本图书馆 CIP 数据核字（2021）第 082032 号

解放用户：以人民为中心的现代服务理念与实践

策划统筹　冯　研

责任编辑　王玉兰

责任印制　陈梦楠

责任校对　马　晶

出版发行　中共中央党校出版社

地　　址　北京市海淀区长春桥路 6 号

电　　话　（010）68922815（总编室）　　　（010）68922233（发行部）

传　　真　（010）68922814

经　　销　全国新华书店

印　　刷　北京盛通印刷股份有限公司

开　　本　710 毫米×1000 毫米　1/16

字　　数　192 千字

印　　张　19

版　　次　2021 年 6 月第 1 版　　2021 年 6 月第 1 次印刷

定　　价　76.00 元

微　信 ID：中共中央党校出版社　　　　邮　　箱：zydxcbs2018@163.com

前言

"百年恰是风华正茂"，2021年，中国共产党迎来了百年华诞。站在"两个一百年"奋斗目标的历史交汇点上，我们欢欣鼓舞、备感荣耀。一百年来，中国共产党带领全国各族人民经过不懈奋斗，迎来了从站起来、富起来到强起来的历史性飞跃。执政70多年来，我们党始终站在时代潮流最前列、站在攻坚克难最前沿、站在最广大人民之中，得到了14亿多中国人民最广泛的支持和拥护。

中国共产党强大生命力的密钥，就在于始终坚持党的"两个先锋队"性质，始终牢记党的初心使命，为中国人民谋幸福，为中华民族谋复兴。我们党的天下情怀是马克思主义人类解放的宽阔胸怀，是"环球同此凉热"的宏伟格局。我们党是马克思主义的政党，人民的政党。人民性和党性始终是统一的。马克思主义是人民的理论，第一次创立了人民实现自身解放的思想体系。历代中国共产党人在实践中不断丰富和发展马克思主义"人民性"的思想内涵，确立了我们党"全心全意为人民服务"的根本宗旨。

立足民族千秋伟业，以习近平同志为核心的党中央高举马克思主义伟大旗帜，始终坚持人民至上的根本政治立场，以满足人民日益增长的美好生活需要为根本目的，体现出马克思主义中国化最新成果的理论光辉。在长期跟用户打交道的过程中，我们深深体会到"全心全意为人民服务"的重要性，在实践中坚决贯彻以人民为中心的发展思想，大力解放用户。

经过多年实践和思考，我们的体会是，能源电力企业要把以人民为中心落到实处，就必须胸怀"两个大局"，牢记初心使命，全面满足人民群众追求美好生活的能源电力需要，就必须"解放用户"。基于马克思主义视角，"解放"着眼于解除用户束缚，通过解放思想、解放和发展生产力、解放和增强社会创造活力，推动社会生产要素自由流动和高效配置，最终实现用户的自由全面发展。"用户"和"客户"既有区别又有交叉，用户拥有产品服务的最终评价权。"解放用户"就是要站在用户立场，聚焦用户价值，除了满足用户功能需求之外，还关注用户的社会属性，更聚焦激发用户主体活力，充分发挥用户的主观能动性，共同参与价值创造过程，以实现价值共创。

"在危机中育新机、在变局中开新局"，当今世界正经历百年未有之大变局，中华民族伟大复兴正处于关键阶段。面对新阶段新特征新要求，发展仍然是我们党执政兴国的第一要务，是解决我国一切问题的基础和关键。国有企业作为中国特色社会主义的重要物质基础和政治基础，是党执政兴国的重要支柱和依靠力量，是中国特色社会主义经济的"顶梁柱"。立足新时代，我们既要善于顺势而为，会开顺风船；又要勇于逆势而上，会开顶风船。我们要把思想和行动统一到习近平总书记和党中央对形势的重大判断和工作的重大部署上来，勇做推进国家现代化的重要力量、贯彻新发展理念的排头兵、构建新发展格局的生力军、高质量发展的引领者。

当前，第四次工业革命正深刻影响着能源电力行业，用户用能用电需求呈现出多样化、多层次、高品质等显著特征，全新的能源生态系统正在形成。在实现碳达峰、碳中和目标背景下，加快构建以新能源为主体的新型电力系统，打造清洁低碳、安全高效的现代能源体系，通过能源电力绿色低碳发展引领经济社会系统性变革成为迫在眉睫的举国大事。

作为事关千家万户的基础性产业，能源电力行业肩负普遍服务的社会责任。我们必须努力找准在新发展格局当中的角色定位，认真践行人民电业为人民的企业宗旨，牢牢把握电网基础设施公共服务属性，发挥自己的特有优势，以满足人民美好生活多样化、多层次、高品质用能用电需求为根本目标，运用好"解放用户"的理念内核和方法论，助推构建新发展格局和实现碳达峰、碳中和目标。

"道阻且长，行则将至。"我们将进一步深入学习贯彻习近平新时代中国特色社会主义思想，深入思考新时代企业的历史使命，坚持以人民为中心的发展思想，以"解放用户"理念推动生产性服务业向专业化和价值链高端延伸、生活性服务业向高品质和多样化升级，不断满足人民群众的美好生活需要，让发展成果更多更公平地惠及广大人民群众。

　　本书在撰写过程中，参考和引用了部分国内外有关研究成果和文献，多位同事参与了资料整理、案例收集、文字组织等工作，在此一并表示诚挚的感谢。特别要感谢中国发展研究院院长王彤先生、原国资委监事会主席刘顺达先生、中山大学MBA中心主任朱仁宏先生、中国人民大学国家发展与战略研究院陈强远先生等学界行业著名学者、专家，他们在百忙中对本书的撰写给予了指教帮助，贡献了真知灼见。由衷感谢中共中央党校出版社大力支持，克服了时间紧、任务重等困难，使得本书得以在2021年6月底左右与读者见面，为建党100周年献礼。"雄关漫道真如铁，而今迈步从头越。"当前中华民族伟大复兴正处于关键阶段，衷心期望解放用户理念能够为推动高质量发展、实现人民幸福，贡献微薄之力！

目录
▶ CONTENTS

第一篇　理论篇

第三篇　展望篇

理论篇

　　解放用户理念是在马克思主义话语体系下，对新时代企业与用户关系的一次理念与实践创新。马克思主义第一次创立了人民实现自身解放的思想体系，归根到底就是为人类求解放。本书提出的解放用户理念，就是坚持和运用马克思主义立场、观点、方法，坚持和运用马克思主义关于世界的物质性及其发展规律，关于人的解放和自由全面发展的规律，以人民为中心，全面满足用户需求，激发用户潜能，实现多方价值最大化。

　　解放用户着眼于解除用户束缚，通过解放思想、解放和发展生产力、解放和增强社会创造活力，坚持和完善中国特色社会主义市场经济制度、推进国家经济高质量发展、实现经济治理体系与治理能力现代化，推动全社会生产要素自由流动和高效配置，最终实现用户的自由全面发展。这里的"解放"，不是从政治学推翻阶级束缚和反动统治的角度来讲的，而是从满足人民群众对美好生活的向往，不断发展生产力，增强社会创造活力的角度来讲的。

　　理论篇侧重普适性的理论阐述，系统回答"解放用户理念从何而来""什么是解放用户""如何解放用户"三大关键性问题。从马克思主义基本理论（群众史观）到作为马克思主义执政党的中国共产党的根本政治立场（人民立场），再到中国梦的基本内涵（人民幸福）三个方面分别阐述解放用户理念的理论基础。遵循解放用户理念的逻辑理路，得出理念落地的四大关键要素，并基于4R现代营销理论和价值共创理论提出解放用户的VOSA模型①。

---

① VOSA 是四个体系英文首字母的合成。用户价值体系 Value of consumer system；组织能力体系 Organizational capability system；生态伙伴体系 Stakeholder–partnership system；评价反馈体系 Assessment and feedback system。

第一章
解放用户理念的理论基础

马克思主义深刻改变了中国，中国也极大丰富和发展了马克思主义。纵观中国共产党的百年发展历史，就是一部不断推进马克思主义中国化的历史，就是一部不断推进理论创新、进行理论创造的历史。习近平新时代中国特色社会主义思想是党的创新理论的集中体现，是当代中国的马克思主义、21世纪的马克思主义，是实现民族复兴伟业的思想旗帜和行动指南。

马克思主义是关于人类解放的理论，实现每个人自由全面发展是马克思主义一以贯之的价值立场、理论主旨和基本思想，而这也正是解放用户理念的思想源头。关于人的解放投射到现代经济社会的生产组织关系中，可被具体化为用户的解放。解放用户理念旨在聚焦人的发展，凸显用户价值，重塑组织能力释放生产力，聚合生态伙伴变革社会关系以解除个体束缚，形成促进自由全面发展的新生态体系。

用习近平新时代中国特色社会主义思想武装头脑，从中国实践中来、到中国实践中去，把握新时代社会主要矛盾转化机遇，贯彻以人民为中心的发展思想，是解放用户理念的基本遵循。解放用户理念就是要站稳人民立场，把以人民为中心的发展思想全面落实到为群众办实事、为用户服好务上来。

解放用户理念是以马克思主义关于人的解放学说为根基，以习近平新时代中国特色社会主义思想为理论指导，站稳人民立场，聚焦经济领域而开展的管理理论创新，对于解决当前社会主要矛盾转化问题，满足人民群众对美好生活的向往，促进经济社会组织能力提升和生态伙伴体系完善，最终实现人民幸福和中华民族伟大复兴中国梦具有重要现实意义。

第一节
人的自由全面发展——马克思主义的崇高追求

"马克思主义是人的解放学。"[1]伴随着人类社会的诞生和延续，人的发展也一直在丰富和进步。文艺复兴运动掀起了"解放人""开发人"的思潮，18世纪启蒙运动高呼人性的张扬，以圣西门、傅立叶、欧文为代表的空想社会主义者设计出人人和谐、平等、自由的新社会模式。黑格尔给马克思以辩证法的启迪，费尔巴哈给马克思以唯物论的灵感，马克思站在辩证唯物主义和历史唯物主义的立场上，建立起了人的解放学说——人的自由全面发

---

[1]高放：《加强对马克思主义科学的整体研究》，《马克思主义与现实》2005年第2期。

展理论。人的实践在改造客观世界的同时也改变了自己的主观世界，在这个过程中，个体的价值和需求随着社会的发展而不断得到实现，生产力不断发展为"人的自由全面发展"搭建起价值阶梯，生产关系演进则为社会经济发展提供助推剂。马克思主义人的解放思想，是解放用户理念的生发土壤。

一、人的价值和发展

对于人性和人的本质的理解是解决人的自由全面发展问题的哲学前提。人性和人的本质是两个既有联系又有区别的概念。所谓"人性"，是人区别于动物的基本属性，包括人的自然属性，即作为一种自然存在物具有与其他动物共同的物的属性；也包括人的社会属性，即人是一切社会关系的总和；还包括人的精神属性，即人的主观能动性。人性是人的活动具有多样性，需求具有拓展性，能力具有可塑性的根源。

人的价值之所以高于物的价值在于人是价值的创造者，人是价值的源泉。人的本质在于劳动，劳动不仅创造了物的价值，也创造了人的价值。因此，劳动是人的价值源泉。

人的价值有潜在价值和现实价值两种形态，潜在价值通过社会实践转化为现实价值。人类社会的发展水平、进步程度决定着人的价值的实现程度，只有选择与人类社会进步的方向一致的人生价值目标，经过适合历史发展条件的社会实践才能实现人的价值。

马克思将人的本质确定为自由自觉的活动，即能动地改造世界的实践活动。自由就是人通过实践活动，将人从自然、社会及人自身的盲目必然性的束缚下解放出来，成为自然、社会和人自身的主人。随着社会生产力的不断发展，人的自我意识不断苏醒，自我需要不断升级，社会活力和创造力进一步得到解放。人的自由全面发展的需要实际上推动着社会不断变革，人是变革中最活跃的因素。

人的需要得到充分满足和发展。"你自己的本质即你的需要。"马克思这一论述的重要意义在于通过一个人的需要能够反映出这个人的本质。人既是自然存在物又是社会存在物，人对自然和社会有着多样化的需求。恩格斯认为，当人们多方面的物质和精神需求得到满足后人们开始追求更高要求的自我发展需求。正是这种多层次的需求反映出人的发展的全面性，价值也因此产生。

人的劳动能力得到全面发展。马克思认为，人的历史就是人类的劳动发展史。劳动是人最根本的实践活动，人的多样化需要的满足必然通过人的劳动能力的充分发展来实现。人的劳动能力的全面发展指的是人的体力和智力的全面发展。任何一项工作的完成都需要体力和智力的付出，人改造客观世界的实践活动推动着人的劳动能力的全面发展。社会生产力的极大提高使得人们在满足基本生存需求的基础上，转向对精神需求的追求。在共产主义社会要突出人的体力和智力的全面发展，从而真正实现人的劳动能力的全面发展，群体的劳动能力发展提升了组织能力的可塑性。

人的社会关系得到全面发展。人的本质是一切社会关系的总和，社会关系实际上决定着一个人能够发展到什么程度。人全面发展的本质特征也只有在全面丰富的社会关系中才能体现。物质资料的生产是其他一切生产活动的基础，在此基础上所形成的生产关系也是形成其他社会关系的基础。马克思从社会关系的视角将人的发展划为三个阶段："人的依赖关系"阶段、"人的独立性"阶段、"人的自由全面发展"阶段。由此可以看出，人的社会关系在社会发展中逐步从独立走向自由全面发展，既充满活力又健康有序的政党关系、民族关系、宗教关系、阶层关系、海内外同胞关系，以及现代小家庭关系都由此产生。

人的个性自由得到充分发展。人的自由全面发展除了强调人的发展的全面性之外，还包含人的发展的自由，突出表现为人的个性自由。由于先天因素和后天环境的不同，每一个人在自我的成长过程中形成了独一无二的个性。人的个性自由就是人按照自己的意愿进行的自由主导、自由支配和自由发展，它是人的一种主观状态，人自己掌握自己未来的发展方向。谈到自由不得不提自由的条件性，马克思指出，自由不是孤立的存在，自由的实现依赖于人所处的自然环境及与他人所形成的社会关系。人的个性自由体现为人们根据自身的需要去追求美好的生活，它随着社会的发展而发展，更广泛的多样性由此产生。

马克思明确指出："生产力和生产关系——这二者是社会的个人发展的不同方面。"因此，从生产力、生产关系出发阐释人的解放问题，成为马克思"人的解放"思想的方法论基础。

二、生产力的发展

人的解放的实现与历史的进步紧密相关，而历史进步受物质资料生产方式的特定历史形态制约。生产力的发展和生产方式的进步，为人的解放提供了根本的历史前提。生产力的发展是人类生存的第一个前提，也是人的解放的第一个前提，一切脱离生产力的发展而展开的关于人类生存和解放的讨论都不具有现实基础。

生产力的发展以对人的欲望的满足为起点，但是发展生产力是人类解放的"必要条件"而不是"终极目的"，也就是说，生产力的发展是马克思建立的一种实现人的解放的条件，而并不等同于人的解放本身。人类的感性欲望是无限增长的，单纯在欲望层面上实现满足是无止境的，欲望是生产力发展的原始动力之一，因而生产力的发展也是无止境的。在此意义上，人类的解放永远在路上。

生产力高度发展是实现人的自由全面发展的物质前提。在基本满足生活需要的前提下，人们追求精神层面的享受和自由个性的发展。生产力的高度发展也为人的发展提供充足的自由时间，使人们有机会从事科研、文学、艺术等活动，挖掘和培养多方面的兴趣、爱好及能力，这使人不仅在物质层面而且在精神层面愈益丰富。

精神产品的生产是实现人的自由全面发展的重要保证。精神产品（包括哲学、宗教、政治、法律、道德、文学和艺术等）的生产是整个社会生产的重要组成部分。精神产品能够满足人们的精神和文化需求，使人逐渐形成对自身区别于它物的性质、地位、作用、价值的自觉；也能增强人们认识世界、改造世界的能力，进而促进物质生产，为人的自由全面发展提供必要的精神动力和物质基础。

总的来说，生产力不断向前发展为人类的解放提供了可能性，精神产品的生产更能唤醒人类解放自己的需求。

三、生产关系的发展

马克思认为，生产关系是借助人与物之间的关系，即商品反映出人与人之间在生产实践中本质上的权力关系，其中劳动条件的所有权关系和劳动产品的分配权关系体现了生产关系最重要的两个方面。

生产关系的发展是人的自由与解放的内在要求。人们在最基本的物质生产实践活动中必然形成特定的经济关系和处于特定的社会地位，人的本质特征会随着特定生产关系和社会关系的改变而改变。理解和把握人的全面性要从现实关系和观念关系进行考察。生产关系的变化意味着整个社会关系或快或慢的全面改革，所以要实现人与人之间和谐理想的存在状态，建立良好的社会关系和外部环境，就必须改革旧的生产关系，建立新的更高水平的生产关系。只有全面建立起一个合理的社会关系，以达到人与外部世界协调一致的良好状态，人才能彻底摆脱自身的奴役状态。

马克思指出："社会化的人，联合起来的生产者，将合理地调节他们和自然之间的物质变换，把它置于他们共同的控制之下，而不让它作为盲目的力量来统治自己。"这样，人的发展而非物的发展成为目的，人成为自己真正的主人，人的自主性唤醒更多的创造力，有利于激发社会活力。

生产关系的发展是人的自由与解放的社会基础。变革社会、改造压迫人的社会关系，摆脱社会关系的束缚，是认识社会的根本目的。关于人类社会自由发展的历程和前景，马克思曾用必然王国和自由王国来描述。"必然王国"是指人被物化的社会关系所支配的社会状态；"自由王国"是指人类克服了物化社会关系的束缚，能够自由地驾驭自己的社会关系，达到人支配物的状态。所谓人类从必然王国向自由王国的飞跃就是指人类社会从一种旧的、受历史必然性统治的状态向另一种新的、为人能够熟练自由支配和利用历史规律的社会发展状态迈进，迈进的过程就是不断解放的过程。人可以根据自己的意愿、兴趣、爱好和天赋等自由地从事各种劳动，展现自身的自由个性。

总之，马克思立足于唯物史观分析人的解放和社会发展问题，通过研究人与自然之间、人与人之间的关系，即从生产力、生产关系角度出发，深入考察人的解放的根本动力、基本条件、社会基础等问题，实现了哲学史上关于"人的解放"思想的一次伟大变革。

"为人类求解放，实现每个人的自由全面发展"是马克思主义的崇高追求，关于人的解放投射到现代经济社会的生产组织关系中，可以具体化为用户的解放。解放用户理念根植于马克思主义唯物史观，旨在聚焦人的发展凸显用户价值，剖析生产力彰显组织能力的可塑性，通过社会关系变革解除个体的束缚，形成促进用户全面发展的生态体系。

第二节
人民立场——中国共产党的根本政治立场

人民立场彰显了中国特色社会主义发展的价值追求和中国共产党的根本宗旨，彰显了中国共产党始终与人民心连心、同呼吸、共命运的态度与本色，凝聚起实现中华民族伟大复兴的磅礴力量。历代党和国家领导集体洞察国情，分别站在不同的逻辑起点、面对不同的时代任务，设计了递进式人的全面发展目标，圆满完成了特定条件下人的解放的历史使命，走出了一条极具中国特色的人的解放和发展之路[①]，确立了为人民服务的根本宗旨。人民群众既是物质财富的创造者，也是精神财富的创造者，更是社会变革的决定性力量。人民是历史的创造者，是真正的英雄，中国共产党始终坚持一切为了人民。人民立场是中国共产党的根本政治

---

①姚巧华：《人的自由全面发展理论中国化 60 年演进》，《学习论坛》2009 年第 9 期。

立场，也是解放用户理念的基本遵循。

一、坚持人民的主体地位

人民群众是历史的主体。人民是历史的创造者，是决定党和国家前途命运的根本力量。中国共产党团结带领人民浴血奋战，完成了新民主主义革命，成立了中华人民共和国，实现了中国从几千年封建专制到人民民主的伟大飞跃。新中国成立后，领导革命取得胜利的中国共产党成为国家的执政党。这不只是一个政权代替另一个政权，而是亿万人民当家作主的历史变革。人民在国家的地位是国家性质的根本标志。

人民群众是实践和认识的主体。在人类的实践和认识活动中，认识、改造世界的主体是人民群众。谋划建设发展，最了解实际情况的，是人民群众；推动改革开放，最大的依靠力量，也是人民群众。改革开放在认识和实践上的每一次突破和发展，改革开放中每一个新生事物的产生和发展，改革开放每一个方面经验的创造和积累，无不来自亿万人民的实践和智慧。①

人民群众是价值的主体。人民群众的实践活动是一切价值的源泉，因此，人民群众必然也是价值主体。人民群众的价值主体地位体现在：人民是物质财富的创造主体；人民是价值的享有主体；人民是价值的评价主体。增进人民福祉、促进人的全面发展

---

①《坚持以人民为中心》，《人民日报》2019 年 7 月 25 日。

是中国共产党立党为公、执政为民的本质要求。党的一切工作都是为人民利益着想，让人民幸福就是党的事业。增进民生福祉既是检验政绩的重要标准，也是发展的根本目的。中国共产党把为民办事、为民造福作为最重要的政绩，把为老百姓做了多少好事实事作为检验政绩的重要标准。

中国特色社会主义制度坚持人民主体地位的实践，既在于将坚持人民主体地位、以人民为中心的理念内蕴于中国特色社会主义制度体系中，由中国特色社会主义制度体系为坚持人民主体地位提供保证，又在于通过制度保证经济社会的科学发展，将坚持人民主体地位价值理念具体化为保障以人民为中心的发展实践，同时推进中国特色社会主义制度的发展完善，又需要坚持中国共产党的领导和提高中国共产党的执政水平，为坚持人民主体地位提供政治引领。

中国共产党在坚持人民主体地位、领导社会主义现代化建设过程中，始终从中国发展的现实出发，卓有成效地建构国家制度，以制度的合法性和合理性保证坚持人民主体地位。正是在制度与发展的互动机制下，在制度的发展完善与人和社会的全面发展的整体推进中，中国共产党的执政地位得以巩固，中国特色社会主义的制度自信得以增强，广大人民对伟大祖国、中华民族、中华文化、中国共产党、中国特色社会主义的认同得以提升。中国共产党团结带领中国人民探索和实践出的这条道路，不仅对于中华民族伟大复兴中国梦的实现、社会主义现代化建设具有重要意义，而且对于那些寻求民族独立与经济社会发展的国家具有重要借鉴意义。

二、从群众中来，到群众中去

中国共产党把群众路线作为自己的政治原则和工作路线，中心工作始终坚持和紧紧围绕"一切为了群众，一切依靠群众，从群众中来，到群众中去，把党的正确主张变成群众的自觉行动"的路线展开，并把群众路线升华为"为人民服务"的根本宗旨。中国共产党取得的所有胜利和成功离不开人民群众的支持和参与。一切依靠群众，放手发动群众，密切联系群众，群众的事业让群众作主由群众来办，发挥群众的主体地位作用，中国共产党的历史就是依靠群众取得革命、建设和改革开放胜利的历史。坚持群众路线，放手发动群众，密切联系群众，群众作主，群众办事，才取得中国从站起来、富起来到强起来的伟大成就。

为什么人的问题是检验一个政党、一个政权性质的试金石。中国共产党来自人民、植根人民、服务人民，党的根基在人民、血脉在人民、力量在人民。中国共产党自成立之日起就把人民立场作为根本政治立场，就把"人民"二字铭刻在心，就把坚持人民利益高于一切鲜明地写在自己的旗帜上，就把全心全意为人民服务作为自己的根本宗旨。对中国共产党来说，除了国家、民族、人民的利益，没有任何自己的特殊利益。正因如此，人民群众反对什么、痛恨什么，中国共产党就坚决防范和纠正什么。从根本上来说，党的理论就是一切为了人民的理论，党的路线就是一切为了人民的路线，党的事业就是一切为了人民的事业。

中国共产党自成立以来，深知人民疾苦，为人民谋幸福，团结带领人民夺取新民主主义革命胜利。1949年成立了中华人民共和国，实现了人民当家作主。永葆新中国的人民底色，最重要的是建立健全符合中国国情和实际、体现社会主义国家性质、保证人民当家作主的具有根本性、全局性、稳定性和长期性的制度体系，并根据时代、实践和人民的需要不断完善发展。

改革开放新时期，中国共产党始终坚持以人民群众利益为核心，带领全国人民积极推行改革开放政策，努力探索适合中国实际情况的发展道路，搞活经济，发展生产，满足人民群众的物质文化需求，把解决人民群众的根本利益问题放在工作的中心位置。

在中国特色社会主义建设新时代，面对更加复杂多变的国际国内环境，世界正处于大发展大变革大调整时期，中国的改革进入深水区和攻坚期，我们面临更多挑战与困难。要解决这些问题，必须继续依靠人民群众的参与和支持。必须始终把人民利益摆在首要位置，党的一切工作要以是否维护人民群众利益、是否为人民群众谋利益为标准，这是中国共产党团结人民群众、带领人民群众取得革命、建设和改革胜利的重要原因，是中国共产党能够在百年中不断从胜利走向胜利的重要经验之一。

中国共产党百年的历史充分表明，密切联系群众，一切依靠群众，人民群众的广泛参与和支持，是社会主义建设事业不断取得胜利和前进的不竭力量。改革开放40多年来，中国人民在中国大地上创造了一个又一个奇迹。每过几年经济规模就上一个大台阶，现在我国经济规模已经位列世界第二；科学技术突飞猛进，有一些领域已经世界领先；人民群众生活水平大幅提升，全面建成小康社会取得决定性成就；社会主义精神文明建设取得重大成果，人民群众文化素质有了很大提高，度假、休闲、旅游成为大多数人民群众的重要生活方式，生态文明建设成效显著。

中国特色社会主义建设进入了新时代，我们正在面对更加复杂、困难和严峻的局面。国内改革进入深水区，需要有啃硬骨头的精神和魄力，只有不畏困难，勇于担当，方能深化改革。国际上奉行单边主义、保守主义、极端主义的势力仍妄图运用经济、政治、军事、文化、科技、意识形态等手段，围堵、遏制我国的发展。当前世界正面临百年未有之大变局，中国共产党必须带领人民群众奋勇前行，抓住历史机遇，依靠人民群众，充分发挥人民群众的历史主体地位作用，迎难而上，深化改革开放，把中国人民的发展和世界爱好和平的人民的发展联系起来，同世界人民一起构建人类命运共同体，推动中国和世界各国共同发展。

三、发展成果由全体人民共享

发展成果由全体人民共享是群众路线的内在要求。中国共产党带领人民创造了世所罕见的经济快速发展奇迹和社会长期稳定奇迹。随着幼有所育、学有所教、劳有所得、病有所医、老有所养、住有所居、弱有所扶等方面国家基本公共服务制度体系逐步建立健全，我国人民生活水平大幅提高，全体劳动人民实现了生活水平的跃升，全体劳动人民是美好生活的奋斗者和享有者。共享美好生活的成果，要求将发展成果更多更公平地惠及全体人民，并使全体人民在共享发展成果的过程中拥有更多获得感、幸福感和安全感。

发展成果由全体人民共享是对唯物史观群众观的深化。人民群众是价值的主体，是价值的创造者，也是价值的评价者，当然也是价值的享有者。依靠人民创造历史伟业才能不断续写新时代中国特色社会主义的新篇章，坚持以人民为中心的根本立场和价值理念引领以人民为中心的实践，才能创造更多发展成果。在新时代，共享发展成果的过程中要在保证人民物质生活基础上不断满足人民多样化发展需要。

发展成果由全体人民共享促进共同富裕。共同富裕的重点在于"共同"二字。富裕作为一项经济指标，是任何国家、任何政党都想追求的目标，而"共同富裕"则体现了中国共产党"人民至上"的价值特质。因此，人民立场意味着把促进全体人民共同富裕摆在更加重要的位置，在做大"蛋糕"的同时分好"蛋糕"，着力推进全民共享、全面共享、共建共享、渐进共享。

发展成果由全体人民共享的成效接受人民群众监督评价。人民群众满意是评价发展成果共享成效的唯一标准。发展成果共享的各个环节必须坚持"群众第一""群众满意"的原则，将民意、民情真正吸纳、充实到考核、评价中，并在实施中充分尊重民意，广泛征求民意，将评判的标尺实实在在地交给群众，让群众说得上话，说话管用。

坚持人民立场，既是中国共产党的根本宗旨要求，也是我国经济社会发展的基本原则遵循。在经济活动中解放用户，与在当代中国坚持人民立场具有内在一致性。解放用户理念就是要站稳人民立场，把以人民为中心的发展思想全面落实到为用户服好务、办好事上来，业务从用户中来，价值到用户中去，回归用户主体地位，创新变革组织能力，推动构建互惠共生的生态伙伴体系，激活各类主体积极性、主动性、创造性，洞悉需求引领用户创造价值，从而实现全社会价值共创。

第三节
人民幸福——中国梦的基本内涵

为满足人民对美好生活的向往，既需要通过深化改革、创新驱动，提高经济发展质量和效益，生产出更多更好的物质精神产品，不断满足人民多样化需要；还需要全面调动人的积极性、主动性、创造性，为各行业各方面的劳动者、企业家、创新人才等群体创建发挥作用的舞台和环境。生活在我们伟大祖国和伟大时代的中国人民，共同享有人生出彩的机会，共同享有梦想成真的机会，共同享有同祖国和时代一起成长与进步的机会。实现这个

"共同享有"，需要一个共建的过程，需要在全社会营造人人参与、人人尽力、人人享有的良好环境，以共享引领共建，以共建推动共享，引领全国人民共同为中华民族伟大复兴的中国梦而努力拼搏。人民幸福是中国梦的基本内涵，也是提出和应用解放用户理念的出发点和落脚点。

一、人民群众对美好生活的向往

美好生活是人民幸福之基、社会和谐之本。满足人民美好生活期待是中国共产党坚持立党为公、执政为民的本质要求。党干革命、搞建设、抓改革，都是为了让人民过上美好生活。全心全意为人民服务，是中国共产党一切行动的根本出发点和落脚点。检验一切工作的成效，最终都要看人民是否真正得到了实惠，人民生活是否真正得到了改善，人民权益是否真正得到了保障。

"美好生活"定位生活新标准。中国特色社会主义进入新时代，人民不再满足于衣食住行等基本生活需求，更要在政治生活上追求民主法治，在文化生活上追求精神文明，在社会生活上追求公平正义，在生态文明上追求美丽中国。物质生活需要的满足奠定了人民幸福的基础，但人民不仅希冀获得更高质量的社会公共产品，更期盼一个安全、稳定、和谐、绿色的生活环境，一个"人能尽其才，地能尽其利，物能尽其用，货能畅其流"的社会环境，一个民主有序、执法公正、海晏河清的政治环境。这样，人民才能真正不断获得更多的"美好"感受。

需求持续不断地发展，人民对美好生活的需要内涵不断丰富。马克思、恩格斯指出："已经得到满足的第一个需要本身、满足需要的活动和已经获得的为满足需要而用的工具又引起新的需要。"①随着中国特色社会主义进入新时代，人民美好生活需要日益广泛，不仅对物质文化生活提出了更高要求，而且在民主、法治、公平、正义、安全、环境等方面的要求日益增长。人民热爱生活，期盼有更好的教育、更稳定的工作、更满意的收入、更可靠的社会保障、更高水平的医疗卫生服务、更舒适的居住条件、更优美的环境，期盼孩子们能成长得更好、工作得更好、生活得更好。与"物质文化需要"相比，人民美好生活需要的内容无疑涵盖更广、层次更多、领域更宽，涉及经济、政治、文化、社会、生态文明等多个方面。人的需要不仅包含维持生命活动的生存型需要，而且包含追求自我实现、自由全面发展的发展型需要，追求幸福生活的享受型需要也被前所未有地提了出来；人民不仅追求客观性的生活需要，而且将获得感、幸福感、安全感、尊严感等主观性的需求纳入美好生活的范围。不同的感受给予价值不同的定义，潜在需求的不断挖掘和满足才能带来真正的美好。

二、新时代下的高质量发展

高质量发展是"十四五"乃至更长时期我国经济社会发展的

_____

① 《马克思恩格斯文集》第1卷，人民出版社2009年版，第531页。

主题，与人民幸福紧密相关。新时代的社会主要矛盾已经转化为人民日益增长的美好生活需要和不平衡不充分的发展之间的矛盾。解决这一矛盾，必须贯彻落实新发展理念，推动经济高质量发展。要始终把最广大人民根本利益放在心上，坚定不移增进民生福祉，把高质量发展同满足人民美好生活需要紧密结合起来，激发全社会创造力和发展活力，努力实现更高质量、更有效率、更加公平、更可持续的发展，推动坚持生态优先、推动高质量发展、创造高品质生活有机结合、相得益彰。

高质量发展是能够很好满足人民日益增长的美好生活需要的发展，是体现新发展理念的发展，是创新成为第一动力、协调成为内生特点、绿色成为普遍形态、开放成为必由之路、共享成为根本目的的发展。简而言之，高质量发展，就是从"有没有"转向"好不好"。

高质量发展的本质是"以人民为中心"，更加重视人的全面发展。经济发展质量和水平决定人的全面发展程度。不重视社会需要结构和层次变化，尤其是忽视消费层次提高带来的高品质消费增加的现实，就会导致在供需失衡状态中无法充分满足人民的需要，也难以实现人的全面发展。推动高质量发展根本目的就是要实现人的现代化和人的全面发展，使人们获得全面而平等的社会关系，充分享有生存权、安全权、发展权、参与权等应有权利，不断激活和释放人的能动性。要积极推动构建人类命运共同体，推动建设持久和平、普遍安全、共同繁荣、开放包容、清洁美丽的世界，共同创造人类的美好未来，为人类的全面发展作出积极贡献。

高质量发展的目标就是使人民都过上高品质生活，是社会主义的共同富裕。共同富裕的逐步实现是一个系统工程。"我国正处于并将长期处于社会主义初级阶段，我们不能做超越阶段的事情，但也不是说在逐步实现共同富裕方面就无所作为，而是要根据现有条件把能做的事情尽量做起来，积小胜为大胜，不断朝着全体人民共同富裕的目标前进。"①逐步实现共同富裕，必须在秉持全民共享、全面共享、共建共享、渐进共享原则的基础上，坚持尽力而为、量力而行，统筹推进各相关领域的建设，形成可持续发展的长效机制。尽力而为强调的是决心和意志，就是有多大本事出多大力，积极创造条件力争有更好的结果；量力而行坚持实事求是，就是吃饭穿衣量家当，不提不切实际的目标，不做超越阶段和能力的事情。

三、全民共建共享的中国梦

回望百年路，中国共产党以光辉的奋斗历程和伟大成就，引领着全中国人民实现从站起来、富起来到强起来的伟大飞跃，并通过爱国统一战线和加强民族团结，铸牢中华民族共同体意识，凝聚各方智慧合力，共同团结奋斗、共同繁荣发展，为实现中华

①习近平：《在省部级主要领导干部学习贯彻党的十八届五中全会精神专题研讨班上的讲话》，《人民日报》2016年5月10日。

民族伟大复兴中国梦提供最广泛的力量支持。然而，我国仍处于并将长期处于社会主义初级阶段的基本国情没有变，发展依然是当代中国的第一要务，这就要求我们在实现国家富强、民族复兴、人民幸福这一中国梦的过程中始终坚持共建共享原则。

共建就是共同生产社会财富和参与社会建设。坚持以经济建设为中心，进一步解放和发展社会生产力，为实现共同富裕奠定雄厚的物质基础。生产是分配的前提和基础，只有建立在生产力不断发展的基础上，共同富裕才能真正实现。我们要牢牢把握社会主义初级阶段这个最大国情，牢牢立足社会主义初级阶段这个最大实际，毫不动摇地坚持以经济建设为中心，调动一切积极因素为经济建设服务。充分调动人民群众和社会各界参与建设的积极性、主动性、创造性，让人民共同担负起推动经济社会发展的责任，不断解放和发展生产力，提高发展质量和效益。只有这样才能不断满足人民日益增长的美好生活需要，持续改善人民生活，逐步实现共同富裕。

共享就是让人民群众共同享有发展成果。共享绝不是走回头路、"吃大锅饭"，也不是要"均贫富"、搞人民公社，更不是复制欧洲国家的福利制度模式或是"牺牲一些人的利益来满足另一些人的需要"或是"有田同耕，有饭同食，有衣同穿，有钱同使，无处不均匀，无人不饱满"的绝对平均主义，而是"不仅可能保证一切社会成员有富足的和一天比一天充裕的物质生活，而且还可能保证他们的体力和智力获得充分的自由的发展和运用"①，让全体人民共同享有经济、政治、文化、社会、生态文明等发展成果。

共享与共建相辅相成。天下没有免费的午餐，没有共建就没有共享。坚持共享发展，既追求人人享有，也要求人人参与、人人尽力，人人都为国家发展、民族振兴和个人幸福贡献自己的力量。共享不是不劳而获，每个人都应秉持"天下兴亡，匹夫有责"的精神，继续发扬艰苦奋斗的精神，有梦想、讲担当、重奋斗，为国家为民族也为自己放射生命的光和热。共享发展成果，绝不能坐享其成，而要用勤劳的双手、智慧的大脑、劳动的汗水，努力拼搏奋斗，创造属于自己的美好生活。中国梦归根到底是人民的梦，必须紧紧依靠人民来实现，不断为人民带来福祉。

解放用户是新时代推动全民共建共享，引领经济高质量发展，满足人民群众对美好生活的向往，实现中华民族伟大复兴中国梦的有效探索。解放用户就是要从人民群众的实际需要出发想问题、办事情，在提升服务能力上用劲发力，不断提升人民群众的获得感、安全感、幸福感。解放用户理念也是社会主要矛盾发生历史性转化后的现实需要，满足人民群众对美好生活的向往，需要解除思想束缚，解放和发展生产力，解放和增强社会创造活力，不断推动经济体制改革，促进经济社会组织能力提升和生态体系逐步完善，最终实现人民幸福这一最大价值目标。

---

①《马克思恩格斯全集》第 3 卷，人民出版社 1995 年版。

第二章
解放用户理念的逻辑理路

在现代哲学中，解放是人类追求理想和完美的一种努力，是对于美好生活的期待和向往。马克思主义理论中人的"解放"着眼于"每个人的自由全面发展"。遵循此进路，解放用户始终聚焦用户价值，牢牢把握用户思维，精准洞察用户需求，与用户共创价值，通过重塑组织能力、聚合生态伙伴、反馈用户评价，最终实现用户、组织、生态伙伴的价值最大化。

第一节
解放用户的逻辑起点

一、解放用户理念的核心要旨

解放用户理念源起马克思主义关于人的解放学说，以习近平新时代中国特色社会主义思想为理论指导，聚焦经济领域，面向现代服务业，以新发展理念为引领，是为解除用户束缚、释放用户潜能、激活用户活力而进行的理念和实践创新。

区别于"以客户为中心"的商业逻辑，解放用户理念兼顾用户的经济利益与社会属性，除了满足用户需求之外，还聚焦激发用户这一主体的活力，充分发挥用户的主观能动性，共同参与价值创造过程以实现价值共创。解放用户理念充分体现了社会性、价值性、共创性。

服务理念从经济性客户向社会性用户转变。客户是产品或服务的购买者，关心的是产品或服务本身的价值。用户是产品或服务的使用者，关心的是产品的使用价值和体验价值，最能够感知企业的存在并与企业建立一种长期的互动关系。以前，企业仅仅考虑通过销售产品实现营利目的，现在，企业树立"用户"的概念，引导用户参与需求收集、产品研发、测试、量产、营销、服务等各个流通环节，共同创造价值。中国特色社会主义进入了新时代，从中国制造到中国创造，从中国速度到中国质量，从中国产品到中国品牌，企业与消费者之间的关系，不仅仅是简单的基于经济交换基础之上的客户关系，更是兼顾经济与社会功能的用户关系。用户无论付费与否，只要使用了企业的产品或服务，企业都必须对其负责，并为其提供价值创造的平台，从而实现用户与企业的价值最大化。

营销方式从产品服务向用户价值转变。随着社会环境的发展变化，市场营销也经历了长期的发展变革，主要经历了三个阶段：以产品为驱动的大众营销阶段、以市场为驱动的目标营销阶段、以客户为中心的定制营销阶段。第一阶段是以产品驱动的大众营销阶段（1900—1950年）：营销内容是单个特定的产品，营销方式是面向所有购买者的大规模生产、大规模分销和大规模促销。在大众营销时代，消费者只是消费产品的个人，不是拥有企业所需要资源的客户。主要理论是4P（产品、价格、渠道和促销）。第二阶段是以市场驱动的目标营销阶段（1950—1990年）：以明确的营销战略目标为指导，企业以多品种小批量生产为主，满足消费者的差异化产品需求。此阶段的消费者已经开始成为企业的利益相关者，企业开始注重重塑与客户之间的关系，以达到提高企业利润的目的。主要理论是4C（消费者、成本、便利和沟通）。第三阶段是定制化营销阶段（1990年至今）：以新技术、新产品、新材料为代表的数字革命引发了商业环境的巨大变革，现代科学技术的发展催生了网络消费者，消费者不再是简单的消费者，而是成为参与生产过程的生产者，与企业共同创造价值。此阶段关注的是产品或服务的使用价值或体验价值，一方面利用新产品和服务创造价值，另一方面利用数字平台让用户参与企业的生产过程，实现价值共创。主要理论是4R（市场反应、顾客关联、关系营销和利益回报）。

生产方式从单边生产向价值共创转变。传统企业战略和营销观点认为，生产者是唯一的价值创造者，消费者不参与价值创造过程，是纯粹的价值消耗者。该观点下的价值是指商品交换价值，经济活动的目的是制造并分配商品来获得交换价值，价值等于购买者愿意支付的价格。价值共创理论则认为，消费者不是消极的购买者，而是通过与生产者互动参与价值创造过程。该理论的价值聚焦从关注交换价值转换到关注使用价值或体验价值。使用价值或体验价值不仅是在消费者使用或体验产品/服务的过程中形成的，还是在生产过程中产生的，因此，消费者不是游离于价值创造过程之外的价值消耗者，而是价值的共同创造者。价值共创被界定为企业与顾客实现价值的联合生产过程。原有的价值创造模式中，企业居于主导地位，是产品或服务的提供者；而全新的价值共创模式认为，价值是共同生产的，用户是共同生产者。

二、解放用户理念的内涵要义

解放思想是坚持和完善中国特色社会主义市场经济制度、推进国家经济高质量发展、实现经济治理体系与治理能力现代化的先导。真正的"解放"是宏观层面适应经济全球化的深入发展和数字经济的蓬勃兴起，服务国家经济发展；微观层面增强社会各主体创造活力，提高全要素生产率，满足用户需求。

进一步解放思想，坚持用户主体地位。解放思想是指打破习惯势力和主观偏见的束缚，研究新情况，解决新问题。解放思想是必须一以贯之的思想路线，是新时代解决各种矛盾和问题的"钥匙"。解放用户的基本前提就是解放思想，以新思想为先导，推动新行动的落实。思想解放的程度直接决定行动上能否突围，利益上能否打破固化的藩篱。解放用户要解决发展不平衡不充分问题，满足人民追求美好生活的需要，就要看清各种利益固化的症结所在，就要找准突破的方向和着力点，就要拿出有突破性的改革举措。当今世界，用户既是价值创造的主体，也是价值评价的主体，具有较强的自主性，拥有极高的话语权、评价权和定价权。坚持用户主体地位，让用户参与企业价值创造过程，充分发挥用户的主观能动性，激发主体活力，有利于提升产品和服务质量，优化用户体验，从而极大地提升企业形象，为企业长远发展奠定坚实的基础。

进一步解放和发展社会生产力，为用户创造价值。为了实现人的解放，马克思和恩格斯认为要彻底变革旧的生产方式，增加人的闲暇时间，并实施全面的教育。社会主义的根本任务是解放和发展生产力，突破自身发展瓶颈，解决深层次矛盾和问题。随着时代的发展，人民的物质、精神需求不断提高，这就要求与之对应的供给能力也要得到更好的解放。解放用户的最根本最紧迫任务就是以更大决心和勇气、以更有力的措施和办法、在更高起点上解放社会生产力，以更强的改革动力、更大的社会活力，紧紧依靠用户，从物质解放、社会解放到精神解放三个阶段全面解除用户的"束缚"，为用户创造更多价值，从而实现用户价值的最大化。

进一步解放和增强社会创造活力，实现价值共创。解放和增强社会创造活力，是解放思想的必然结果，也是解放思想的重要基础。解放用户要以"为用户创造价值"为导向，以产业价值链和企业生态系统为主阵地，打破体制机制束缚，完善对内和对外的交流合作机制，促进生产方式的创新，让一切劳动、知识、技术、管理、资本的活力竞相迸发，将资源优势转化为发展优势，以形成新的核心能力，为更好地解放用户和发展生产力创造条件，最终实现与用户的价值共创。

综上，在用户主体地位日益上升的新时代的发展背景下，"解放用户"首先是解放思想，坚持用户的主体地位；其次是解放和发展生产力，紧紧依靠用户，从物质解放、社会解放到精神解放，全面解除用户的"束缚"；最后是解放和增强社会创造活力，为更好地解放用户和发展生产力创造条件，并与用户价值共创，实现社会价值最大化。

第二节
从客户思维到用户思维

解放用户理念在当今商业模式下具有重要意义。相比于过去，当今用户更看重产品的个性化，更在意产品设计过程中的参与感，更热衷表达产品的体验感。对某些领域而言，用户甚至直接决定产品形态，这就要求企业必须从产品研发、生产销售乃至售后服务整个价值链的各个环节，牢牢把握用户思维，汇集用户智慧，共同创造价值。

一、从客户到用户

解放用户中的"用户"与客户仅一字之差，却有不同的含义。客户是产品或服务的购买者，需要支付相关费用，关心价格。用户是产品或服务的实际使用者，不一定支付相关费用，关心使用价值。用户与产品和服务发生直接交互过程，能够感知企业的存在，并与企业建立一种长期的互动关系，共同创造价值。

客户和用户的关系在不同的商业模式下存在交织、分离的情况。在简单的商业模式下，客户和用户几乎可以画上等号。在餐馆用餐时，消费者既是客户也是用户。随着商业模式的进化、平台模式的兴起，用户和客户之间开始分离，花钱购入产品或服务的不一定是真正的用户。

无论在何种商业模式下，产品的实际使用者——用户，拥有产品和服务的评价权，很大程度上将直接影响企业形象和声望，并长远地影响企业发展状况。从客户到用户，从"上帝"到"货币选民"，消费者还是那个消费者，但商业的逻辑已经发生了重大的改变。从"上帝"回到用户，看似是一次惊险的跳跃，而其实只不过是让商业回到"以人为本"的原初状态。

二、什么是用户思维

从客户到用户是视角的转变，归根到底是思维的转变。过去，企业在产品研发、营销和交付的过程中，核心关注点始终是获取客户的经济价值。在物资匮乏、信息流通不畅的时代，客户无法迅速、准确、有效地获得产品信息和来源，更加无法进行横向纵向比较时，客户思维模式确实能够在短期内为企业带来利润。但在当今信息时代，大量用户既是信息的传播者，也是内容的创造者，客户思维将限制用户和企业双方的思维空间，抑制双方的价值创造能力。因此，企业应转变思维模式，将用户思维贯穿于价值链各环节，精准洞察用户需求，与用户共创价值。

（一）用户思维的紧迫性

2014年7月，中国吹响了全面推进"互联网+"战略的号角，标志着中国互联网经济发展新时代的到来。互联网经济的发展极大地拓展了全社会沟通活动的空间，甚至颠覆性地改变了人们的消费模式，形成消费新常态。

一是消费互动频率剧增。传统的分离式消费模式是在供给与需求的时差和信息不对称下形成的。在传统的消费模式中，由于技术的限制，供给方在设计、生产、流通等环节中的做法都是基于自身对市场和消费者的有限理解，因此产品很难满足消费者的需求。而在"互联网+"背景下的现代消费模式中，供需双方借助便携实用的互动平台，免去中间商周转环节，形成直接的互动关系。供给方不但能及时洞察消费者的需求，还能够让消费者亲自参与到产品和服务的设计生产环节，真正激发并释放需求方的潜能。

二是消费边界大面积消失。互联网技术让传统消费的时间和空间限制趋于消失，实现了无边际的消费模式。一方面，互联网上的交易模糊了工作时间的界限，对一般商品而言，无论白天黑夜，消费者都可以随时下单购物。另一方面，类似产品的不同供应商之间也没有空间的限制，消费者可以自由地选择由全球各地多家供应商提供的同类产品，并借助互联网平台自带的货物比对工具和用户评价结果，相对科学理性地进行消费。

三是消费成效实现飞跃。在产能不足的年代，千人一面的产品和服务的模仿型消费屡见不鲜。福特在很长一段时间里为了规模化生产，只制造一款汽车。但是，当下的消费者已不再满足于基础物质需求，而是开始追求个性化、多元化的更高层次需求。互联网不仅为供需双方的精准匹配提供了基础，也为消费者的良好消费体验提供了可能，让消费体验与消费本身融为一体，同时还培养了消费者的快捷消费习惯，提升了消费成效，使得享受型和发展型消费进入新阶段。

四是消费行为颠覆性改变。传统的AIDMA模型理论认为，消费者从接触到信息到最后达成购买会经历5个阶段：A（Attention）引起注意、I（Interest）引起兴趣、D（Desire）唤起欲望、M（Memory）留下记忆、A（Action）完成购买。然而，该理论在今天的互联网时代不能完全适用。新型的AISAS模型理论中则将消费者行为划分为A（Attention）引起注意、I（Interest）引起兴趣、S（Search）信息搜索、A（Action）购买行为、S（Share）信息分享五个阶段。相比于原来的AIDMA模型理论，AISAS模型理论的A、I两个阶段基本一致，不同的是第三个阶段从被动地产生欲望和留下记忆变成了主动地搜寻（Search），购买则比原模型提前了一步，最后增加了分享使用体验环节。AISAS模型中信息获取和信息分享是购买行为前后两个至关重要的环节。互联网让信息产生成倍的聚合扩散效果，使得消费模式产生了颠覆性的改变，也带来了大众传播的新趋势。

"互联网+"催生了新的消费模式，极大地便利了人们生产、工作、生活方式，同时也带来了思想观念的深刻变化。面临"互联网+"带来的机遇和挑战，企业需要转变思维，聚焦用户需求，创新产品、商业模式和服务方式，否则就会被对手超越，被用户放弃，最终被这个时代淘汰。

（二）用户思维的维度

用户思维指的是围绕用户的整体需求，想方设法满足用户需求的一种思维模式。用户思维，相对于过去的产品思维、市场思维有了本质的变化。用户思维关注的是"人"，而不再是"物"，即聚焦点不在于产品层面或市场层面，而在于用户本身。用户思维力求以产品、服务、文化、精神和思想各层面，满足用户不断增长的个性化、多元化的物质需求、文化需求和精神需求。

一是人性化的打动思维。用户思维将每一个消费者都当成值得被尊重的独特个体，通过提供人文关怀式的附加价值打动消费者，从而产生重复购买行为。目前市场上一般的功能性产品和服务并不缺乏，但是采用推销或劝说的方法吸引消费者变得愈发困难。许多商家会提出"做有温度的产品"的口号，就是想通过附加人性化的价值打动用户。

二是个性化的认同思维。用户思维带来的认同感和信赖感是让消费者产生重复购买行为进而转换成忠实客户的重要条件。真正的用户思维，不再局限于大众化需求，而是要让产品体验超出他们的预期，在满足用户的基本诉求之外，解决用户还未曾考虑到但却现实存在的问题，做到"想用户之未想，忧用户之未忧"。这样不仅能带给用户极致的体验，也能极大地满足个性化、差异化的心理需求，提高用户对企业的认同感。

三是多元化的社群思维。用户思维注重从多个层面、多种形态满足用户需求。多样化不单体现在产品和服务的多元，还体现在文化、情怀、精神和思想层面。一个有生命力的品牌社群，不能仅靠官方单方面传递信息，更重要的是社群中的每一个人因为对社群的认同，愿意平等地在社群中分享观点。在多元化的社群中，产品和用户的联系不再是单纯的功能上的连接，而是被赋予了更多元的灵魂，如价值、理念、文化等，建立起情感上的联结。

三、用户思维的内核

用户思维作为当代最重要的企业战略思维之一，其内核是对用户深层次需求的把握和分析能力。它强调在战略设计和决策过程中针对用户痛点，在产品设计上强调用户体验，在产品推广中推崇口碑营销，在商业模式的全流程中解放用户。美国心理学家马斯洛从人类动机的角度提出需求层次理论，强调人的动机是由人的需求决定的。从企业的角度来说，用户需求就是人性的需求，这就要求企业用更好、更创新、更便捷的方式去满足用户各种层次的需求。从想用户之所想，到想用户之未想，了解用户，理解用户，满足用户，引领用户，解放用户，最后与用户共创价值。

虽然很多现代企业已经学会了换位思考，学会了"以用户为中心"，尽力让产品变得更好，体验度更高。但是学会用户思维与真正洞察用户需求之间依然存在较大的鸿沟，其原因在于用户需求具有强大的隐蔽性。只有尽力避免假设需求和无效需求，才能逐渐接近用户内在真正的需求。

（一）避免假设需求

知识的诅咒，指的是当人们掌握了某种信息或知识之后，就很难想象不了解这个信息或知识的其他人会如何思考。一般地，企业对产品和服务的了解程度总是远远超过用户，即企业拥有更为全面和深入的知识体系。在"知识诅咒"的作用下，企业很容易形成思维惯性，认为用户应该也同样拥有相关的知识，从而只展示或传递企业自身认为需要的内容，这反而使得用户因无法充分了解信息而产生疑惑或使用不当等问题，直接影响产品的使用成效。

用户需求的洞察和挖掘是一项长期的、反复的、持续的系统性工程，需要投入足够的时间和精力。然而人普遍是缺乏耐性的，尤其是在互联网时代，企业与用户双方普遍缺乏沟通交流的耐心，缺乏知识学习和钻研的耐心，这样一来，企业容易依赖于自身的理解假设用户需求，从而偏离用户真正的需求。某公司曾在推出新一代路由器时判断用户喜欢小巧且美观的无线路由器，于是应用最新技术将产品体积做到最小，将天线内置的同时只保留两个最基础的网线接口。然而结果并不如人意，该产品的销量一直低迷。后期市场调查结果显示，该公司不但因为知识的诅咒认为消费者理应了解这款产品的科技含量，又因为对消费者耐性的认识不足，在推广产品时没有对该款产品进行有效的沟通说明，最终导致这款产品的销量没有达到预期。

（二）避免无效需求

用户的需求千差万别，即便同一用户在不同时间和空间的偏好和诉求也不尽相同。企业若想获得用户的有效需求，需要重点解决用户自身的两大局限：一是用户所处的情景带来的负面作用，导致用户提出具有误导性甚至是违背商业规则的需求；二是用户自我认知的局限性，使得用户自身都无法完全了解自己的真正需求。

首先，用户所处的情境促使用户隐瞒真实需求。一方面，当用户被问及较为敏感的隐私问题（如收入、受教育水平等），或是用户因为同辈焦虑（Peer pressure）需要掩饰自己的真实需求时，企业收集到的很可能是用户隐瞒真实想法而编造出来的需求。另一方面，当用户本身跟企业是稳定的上下游关系时，也存在隐瞒真实想法的动机。新需求的提出可能促使企业创新产品和服务，从而对上下游的稳定关系产生负面作用，因此，出于对维持自身利益的考量，上下游用户可能会提出一些限制企业创新的需求，以持续保证稳定良好的上下游关系。

其次，用户自身的局限性导致需求无效。很多时候，用户将需要等同于需求。需要是自然人和社会人与生俱来的，不能被挖掘和创造，是人体组织系统感受到的生理和心理上对客观事物的某种要求，往往是一种缺乏或不平衡的状态，具有周期性，并随着满足需要的具体内容和方式的改变而不断变化和发展。需求是人们在欲望驱动下的有条件的、可行的选择，通常指的是能够解决问题、满足需要的商品、功能或方案等。需求本身虽然跟随时代环境的变化快速变化，但是其满足需要的本质始终没变。由于知识、信息、经验和能力等方面存在一定的局限性，用户虽然了解自己的需要，但无法清楚地辨认出自身的真正需求。如果企业盲目地满足用户的各种需求，产品就会变成各种功能叠加的怪物从而变得臃肿不堪，解决方案也会止步于满足用户浅层需求，无法触及真正核心的深层需求。

（三）如何获取有效用户需求

假设需求与无效需求不仅让企业无法真正获得用户需求，还可能带给企业获得真正需求的假象，从而影响企业生产运营和持续发展。为了获取有效用户需求，企业要重点做好以下三大方面的工作。

一是全方位获取系统性信息。为了避免假设需求，企业必须有针对性地与大量的目标用户接触，并获取综合性的评价反馈，因为需求收集的数量一定程度上决定了需求的有效性。数据越大，趋势越稳定，企业对有效需求的判断也就越准确。此外，除了大范围、大样本收集用户需求之外，对高质量用户进行跟踪访谈这种挖掘深度需求的手段也必不可少。高质量用户一般指的是在专业领域内有话语权、对体验要求高以及擅于表达的"专家型"用户。对高质量用户的深度访谈可以获得更有参考价值、更落地、更真实以及更深入的用户有效需求。

二是深度挖掘用户需求。企业可以借助大数据分析方法和工具，深入分析用户行为，剔除假设需求和无效需求的影响，从而精准洞察用户的有效需求，为企业研发新产品、改造现有产品、优化服务方案等提供数据支撑，不断减弱知识诅咒、耐心缺失、处境不当、认知局限等带来的负面作用。

三是快速验证并修正需求。再精密的大数据分析也无法百分百确认获得的是用户的有效需求，因此企业要及时地在小范围内展示并投放样品，近距离观察用户反应，高效收集用户的反馈意见，进而多方交叉验证用户需求的有效性。常见的有化妆品小样赠送、饮品免费试喝、汽车展现场试驾等。

用户思维的内核是对用户需求的把握能力，企业要打破知识的诅咒，洞察人性的缺点，在获取信息时不仅要避免假设用户需求，同时也要考虑用户所处情境和认知局限，明辨"需求"和"需要"的差异，还要做到快速验证，在用户使用过程中不断修正需求。

四、用户思维的应用

用户视角转变的核心是思维的转变。有效应用"用户思维"，不但要求企业能清晰地透过用户本身的思维局限性深挖需求，还要求企业清醒地打破自身视角的刻板桎梏，将用户思维体现在产品设计、营销策划以及投产使用的全生命周期中。只有时刻换位思考，设身处地为用户着想，企业才能在当今复杂的商业模式下生存下去。

一要保持警醒，时刻想着用户。企业要清楚认识到自身思维和真正用户思维之间还存在一定差距，要对用户和用户思维保持谨慎、警惕、敬畏的态度，切不可假设用户需求，而是在产品设计、运营推广等各环节思考是否真正体现了用户思维。2016年的某马拉松赛，主办方因考虑到选手的洗漱需求，体贴地在"完赛包"中放置了一块水果味香皂，结果导致部分选手比赛结束之后误食。为什么会出现这种情况呢？按照往常惯例，"完赛包"里一般装的是完赛证书以及用来给选手补充体能的物品：饮料、糖果、食物等。这在一定程度上就是不尊重用户习惯，随意假设用户需求所产生的结果。

二要到生活中去，培养用户思维。用户思维需要足够多的时间和足够丰富的生活经验。企业不但需要在工作当中慢慢培养用户思维，更要随时随地观察和思考，仔细体会和分析产品和业务设计得是否得当。企业要把自己当作用户来使用产品和服务，抛开设计者的身份，体会真实的用户思维；要有同理心，懂得如何"换位思考"；要学会用普通用户生活化的视角去审视产品，用理解的心态去体谅用户因为生活而产生的各种情绪，增加看待问题的角度，找到改进的方法，最后达到解决问题的目的。

三要到产品中去，多场景运用。企业不能假设需求，设计自己认为好的产品，而是要从用户的角度思考。在设计产品时，不光要进行内部测试，而且要到各种各样真实的场景中将自己当成用户，真正使用产品。几年前，导航软件提示驾驶员在前方路口右转，会出现"前方500米红绿灯路口右转"的语音提示。这个提示包含了明确的距离、地标和方向，初步看起来是个能满足用户需求的设计。然而当用户在真实的行车环境中却发现，"500米"是个很难衡量的距离，直行路上的红绿灯也有很多，很容易拐错路口。后来导航软件仔细研究了用户实际使用情况后进行了多版本的迭代，于是如今的导航提示语大都改成了"前方500米第二个红绿灯路口右转"。同时，在你经过第一个不应该右转的路口时还会提示"正在经过第一个红绿灯路口"，并伴随指示动画。这个功能优化不涉及根本性的技术调整，但却大大提高了指示的有效性。

四要到用户中去，多倾听多思考。倾听是企业尊重用户的重要体现，也是企业把握用户需求，应用用户思维的先决条件。只有不脱离用户，到用户身边去，与用户深度沟通，适时开展调研和电话回访活动，将用户思维落在实处，时刻换位思考，设身处地为用户着想，企业才能在当今复杂的商业环境中获得忠诚的用户，持续健康地生存下去。

第三节
解放用户的VOSA模型

一、解放用户理念的实践要点

未来，企业的发展基础将逐步从自身的单边价值创造转向与用户价值共创。企业不仅要具备以用户思维为核心的思想解放，还需要实现内在成长力和外在伙伴关系构建的生产力、创新力解放。在解放用户的实践过程中，企业需要始终坚持站稳用户立场，聚焦用户价值重塑组织能力，聚合生态伙伴以满足用户需求，激发用户潜能，并通过用户评价反馈推动价值共创过程实现动态演进，最终实现多方价值最大化。

首先要聚焦用户价值。坚持发展为了人民的根本立场，从用户的根本利益出发，着眼于用户的需求和束缚，急用户所急、想用户所想、解用户所困。既要满足用户的功能性需求，破解不平衡、不充分问题，也要满足用户的情感性、社会性等个性化、多样化需求，让用户充分参与价值共创过程，不断推动产品和服务升级，为用户创造价值。

其次要重塑组织能力。坚持中国特色管理模式，以"为用户创造价值"为目标，适应技术进步和数字化转型的形势，以开放的眼光，广泛吸收和利用有益的现代管理理念和工具，建立更便捷、更灵活、更高效的市场响应机制和用户需求响应机制，打造敏捷高效的韧性组织。

再次要聚合生态伙伴。团结一切可以团结的力量，调动一切积极因素，建立解放用户统一战线。以用户价值为导向，遵循"共商共建共享"原则，统筹利用资源，共商规则标准，共建开放型、创新型生态，共享合作成果。

最后要反馈用户评价。坚持人民群众的评价主体地位，以用户评价为起点，拉动组织能力评价及生态伙伴评价，构建价值共创闭环，指导产品优化迭代与服务流程改进，实现组织能力和生态伙伴体系的动态完善，最终促进全社会价值的螺旋式提升。

二、VOSA 模型的分析基础

解放用户理念落地的关键在于聚焦用户价值、重塑组织能力、聚合生态伙伴、反馈用户评价四大核心。为了进一步厘清这四大核心的逻辑关系，深入剖析每一个核心的具体内容和实现路径，本书从宏观领域的马克思主义政治经济学和社会学，微观领域的现代营销学4R理论和价值共创理论两大方面构建解放用户理念落地的分析框架。4R理论和价值共创理论都聚焦于用户与企业的关系，关注经济活动中双方的价值共创过程，这与解放用户理念的实践要点相一致。

（一）4R 现代营销理论

该理论是最新的营销管理理论，由艾略特在21世纪提出，强调以关系营销为核心，重在建立客户忠诚，涵盖反应（Reaction）、关系（Relation）、回报（Reward）和关联（Relevancy）四方面要素。反应（Reaction）快，紧密联系用户，贴身了解需求，分层分析需求情况，并及时快速做出反应。关系（Relation）忠，与用户建立长期而稳固的关系，把交易转变成责任与承诺，优化与用户的互动关系，不断提升用户的忠诚度。回报（Reward）丰，通过用户需求管理为用户创造价值，从而获得短期和长期的回报，为公司创造价值，实现公司战略目标，并转化为持续不断解放用户的动力与源泉。关联（Relevancy）密，充分利用平台与用户建立关联，形成一种互助、互求、互需的关系，为进一步挖掘用户潜在需求提供输入。

（二）价值共创理论

价值共创思想最早可追溯到19世纪，关注的是企业与用户之间的互动。21世纪普拉哈拉德提出基于用户体验的价值共创观点，认为用户和企业都是价值的创造者，用户不是游离于价值创造过程之外的。价值共创被界定为企业与用户实现价值的联合生产过程。在传统的价值创造模式中，企业居于主导地位，是产品或服务的提供者，而全新的价值共创理论认为，价值是共同生产的，用户是共同生产者。价值共创理论将视角从企业内部独立生产转向企业外部用户需求，通过与用户在产品或服务的设计、生产和消费等活动中的互动与合作，实现价值的共同创造。

三、解放用户的 VOSA 模型

理念是行动的先导，一定的发展实践都是由一定的发展理念来引领的。解放用户理念始终坚持用户主体地位，通过洞察用户需求，与用户深度互动，从而实现价值共创。基于价值共创理论和 4R 理论视角，解放用户的 VOSA 模型[①]是以用户价值为逻辑起点，聚焦为用户创造价值，在不断重塑组织能力的基础上，紧密聚合生态伙伴，通过全过程动态评价反馈，持续完善价值共创过程，从而实现用户、企业、生态伙伴的价值最大化。解放用户的 VOSA 模型如图 2—1 所示。

以 4R 和价值共创理论为基础构建的 VOSA 模型中，用户价值与组织价值的共创是底层逻辑。当用户提出需求时，组织要快速响应，认真识别需要，准确把握需求，基于市场条件组织生产和服务，为用户提供适配的产品和服务，不断提升用户忠诚度。当用户实现了价值，组织也就获得了丰厚的市场回报，实现了自身

---

① VOSA 是四个体系英文首字母的合成：用户价值体系 Value of consumer system；组织能力体系 Organizational capability system；生态伙伴体系 Stakeholder-partnership system；评价反馈体系 Assessment and feedback system。

图 2—1　解放用户的 VOSA 模型

的价值，最终组织通过与用户持续保持紧密的互动，在深度了解的基础上实现更高水平的供需平衡，与用户在互动中形成亲密的关系，实现价值的共创和共享。

基于用户与组织的共创关系，用户价值体系解决的是"什么是用户价值"，以及"用户价值如何实现"的问题；组织能力体系解决的是"为了实现用户价值，组织应该具备什么样的组织能力"的问题；生态伙伴体系解决的是"当组织自身无法独立满足用户需求时，组织应该寻找什么样的伙伴一起为用户创造价值"的问题；评价反馈体系解决的是"组织是否为用户真正创造了价值，如何持续迭代改进"的问题。

用户价值体系（Value of consumer system）的核心在于用户价值洞察，即组织通过精准把握用户需求，挖掘实际价值，创新用户共创模式创造价值，全方位、全过程提供高质量的产品和服务满足用户需求，以实现用户和组织价值共创。

组织能力体系（Organizational capability system）的核心在于组织能力重塑，即组织基于用户价值视角，采用由外向内的思维模式，从个体、组织、文化三方面对组织进行重塑，通过激活个体活力、打造组织韧性、塑造文化内核，不断提升组织为用户创造价值的能力，从而实现与用户的价值共创。

生态伙伴体系（Stakeholder-partnership system）的核心在于生态伙伴共生，即组织在社会环境与自然环境中，基于"用户价值"的共同导向，广泛聚合多方生态伙伴，秉持共商共建共享原则，共同友好地为用户创造价值，最终实现用户价值、生态伙伴价值和全社会价值的最大化。

评价反馈体系（Assessment and feedback system）的核心在于动态持续改进，即紧紧围绕"用户价值"，通过用户价值实现情况逐层传导评价组织能力体系和生态伙伴体系的成效，进而为持续实现用户价值提供支撑，并通过反馈评价结果促进前三个体系动态完善改进，最终实现全社会价值的螺旋式上升。

第三章
解放用户的用户价值体系

在新的市场环境下，价值由用户和企业共同创造，用户的角色从单纯的"消费者"转变为"产消者"。本章提出遵循价值共创理论的用户价值体系，企业洞察用户需求，与用户进行深度互动和价值共创，推动用户实现其价值，让用户真正获得解放。

第一节
用户价值体系概述

一、用户价值的维度

"顾客价值"[①]相关概念最早可以追溯到20世纪80年代。德鲁克指出，"顾客认为他买的是什么以及他心中的'价值'是什么，这才是最关键的"[②]。伍德拉夫系统性地提出顾客价值理论，认为顾

---

①在本书特定的研究情境下，市场营销学研究中的消费者、顾客、客户等概念并无本质区别，本书采用消费者（consumer）、顾客（customer）、客户（client）、购买者（buyer）等字样是为了尊重原研究的表述。

②〔美〕彼得·德鲁克著，齐若兰译：《管理的实践》，机械工业出版社2006年版。

客价值是顾客对产品的某些属性、性能及产品使用结果的感知偏好和评价。

当前，学界对于顾客价值未形成明确统一的定义。已有研究主要基于企业内部视角和顾客认知视角对顾客价值进行分析。企业内部视角下的顾客价值一般指企业认为自身能够为顾客提供的产品或服务的总价值。顾客认知视角下的顾客价值则被定义为顾客感知到的价值，即顾客对产品或服务满足其特定需求程度的价值判断，具体指顾客从产品和服务中获取的全部效用与顾客购买产品和服务付出的全部成本之差。

顾客价值理论研究对象是顾客，即个人消费者，其定义与市场交易行为紧密相连。用户与企业具有长期互动、共创价值的联系，其参与和关注的领域更为广泛。综上所述，本书认为，用户价值指的是用户在感知市场提供物（产品或服务）的过程中，对获得的效用和付出的成本的总体评价，即用户总价值与用户总成本之间的差。

（一）用户总价值

用户总价值是指用户从产品或服务中获得的效用。结合顾客价值理论，本书借鉴应用较为广泛的三维度划分方法，并根据实践对各维度构成要素进行提炼和丰富。用户总价值分为功能价值、情感价值和社会价值三个维度和16个构成要素，如表3—1所示。随着用户与周围环境的互动不断加深以及社会责任意识的觉醒，用户价值不仅仅体现在用户自身、用户与其他主体的互动关系上，还更多地体现在用户对社会的积极影响上。

表 3—1 用户总价值的构成

序号	维度	构成要素
1	功能价值	经济性
		功能性
		质量水平
		安全性
		舒适性
		便捷性
2	情感价值	互动沟通
		服务水平
		新鲜感
		愉悦感
		获得感
3	社会价值	人际关系改善
		个性化
		认同感
		成就感
		对社会的积极影响

功能价值主要针对产品和服务本身，指的是因产品或服务的感知质量或期望功效而形成的评价，包括经济性、功能特征、质量水平、安全性、舒适性和便捷性等指标。

情感价值主要体现的是用户与企业的关系，指用户在获得企业产品或服务的互动过程中得到的实际效用，包括互动沟通、服务水平、新鲜感、愉悦感和获得感等。企业与用户之间的关系越密切，用户所获得的情感价值也就越高。通常而言，企业为用户提供的情感价值越高，用户的忠诚度就越高。

社会价值体现的是用户在社会中的地位，是产品或服务为用户带来的社会总效用，包括改善人际关系、彰显个性、认同感、成就感及对社会的积极影响等。用户在体验产品与服务的过程中，不仅与供货的企业互动沟通，还与相关的群体发生关联。对于个人用户而言，当产品或服务能够使其在社会群体中彰显个性，或获得更高的认同感、成就感等，那么其收获的社会价值更高。对于企业用户和公共组织用户而言，产品或服务能否促进全社会效用的提升是其考量的关键性因素。事实上，在其他条件相似的情况下，用户更倾向于选择既能满足基本功能需求，又能对社会产生积极影响的产品和服务，如选购绿色环保产品以保护人类赖以生存的环境。基于此，本书在原有构成要素基础上新增了对社会的积极影响，作为社会价值的重要构成要素之一。

（二）用户总成本

用户总成本指用户为购买和使用产品而付出的所有直接成本和间接成本，主要包括货币成本、时间成本、体力成本和精神成本等。货币成本即用户购买产品或服务时所花费的金钱。时间成本是指用户为得到期望的产品或服务而耗费的时间，包括决策、交易、售后等环节的时间。体力成本即用户在购买、使用、维修商品时造成的体力消耗，如产品开箱、拆包及安装、调试过程等。精神成本也称心理成本，指用户在购买产品或服务时承受的心理压力或负面情绪等。

二、用户价值体系的设计原则

在传统的生产与消费模式下，企业从事生产并创造价值，而用户是被动的价值接受者。而在当今的商业活动中，用户在市场中的地位和重要性逐渐提升。在新的市场环境下，价值不仅来源于生产者，而且建立在消费者参与的基础上，即来源于消费者与企业或其他相关利益者的共同创造。解放用户视角下的用户价值创造遵循价值共创理论，即认为用户不仅是被动的价值接受者，价值来源于用户与企业及其他相关者的共同创造。用户价值体系的设计遵循以下三个原则。

一是聚焦用户逐渐升级的需求。随着生产力水平持续提升，用户收入水平不断提高，用户需求和用户价值的内涵更为丰富。用户需求逐渐多元化、高端化、个性化，已经超越了产品和服务的功能价值，对情感价值、社会价值也有了更高的要求。

二是强化用户和企业的互动关系。用户是重要的价值创造主体，企业应提供机会让用户深入参与企业生产环节，通过主动反馈自身对产品或服务的需求、积极提供自身知识和资源等方式与企业展开互动。双方共同生产出与用户匹配度更高、更能满足用户需求的产品，并让用户在互动过程中收获更高水平的情感价值和社会价值，最终实现用户价值最大化。

三是利用数字赋能用户价值实现过程。信息技术已经被广泛地应用到商业尤其是市场营销领域，能够有效支撑用户需求洞察、用户与企业互动以及用户价值的最终实现。基于用户交易、消费、使用产品和反馈等全流程大数据分析，企业更容易准确掌握用户的真实需求，深入挖掘用户的潜在需求，动态了解用户的消费行为，进而及时高效地为用户生产定制化的产品，精准推送个性化的产品和服务信息。借助数字化平台，企业能够与用户开展深度的互动，为用户提供更多了解企业的渠道和机会，让用户更广泛地参与企业生产过程，充分发挥用户的主观能动性，从而为用户创造更多的价值。

三、用户价值体系的构成要素

基于价值共创理论，解放用户的用户价值体系是企业深入洞察用户需求，与用户进行深度互动和价值共创，推动用户实现其价值。用户价值体系具体包括用户价值发现、用户价值创造和用户价值实现三个部分，如图3—1所示。

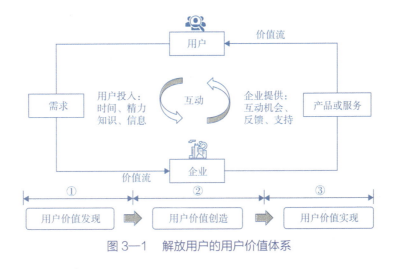

图 3—1 解放用户的用户价值体系

用户价值发现是用户价值体系的基点，其核心在于精准洞察用户需求。企业通过用户特征分析，借助用户画像、用户旅程图、社群聆听等科学方法和统计手段更准确地描绘用户需求，并针对用户的需求和痛点进行产品设计、生产和迭代等，从而为更好地服务用户、解放用户奠定基础。

用户价值创造是用户价值体系的重要组成部分。用户参与的环节不再局限于交易或消费最终产品及服务，而是在更多领域和环节与企业互动。用户可以充分利用与企业的动态互动机会，在特定的使用情景中改变产品或服务固有的功能和用途，实现需求的自我满足，并同时实现自我价值和企业价值的创造。

用户价值实现是用户价值体系的基本目标。为了解放用户，企业应为用户提供更多价值共创机会，充分支持价值共创活动，并通过改进提升产品性能质量和丰富产品内涵等方式提升用户总价值，通过降本增效和数字赋能等方式降低用户总成本，从而实现用户价值。

第二节
用户价值发现

一、用户需求的变化趋势

在生产力欠发达的年代，用户对产品和服务的需求较为单一，主要是基础性需求，产品和服务只要能够提供功能价值，满足基本生活需要即可。近年来，我国经济快速发展，生产力水平持续提高，人均收入持续增加，用户对产品和服务的需求不断升级，呈现出从单一到多元、从基础到高级的变化趋势。

（一）从单一到多元

经济发展催生出多元化消费需求。在物质短缺、供不应求的时期，用户对产品的需求较为单一。以电视机等家电产品为例，即使是功能相对单一的产品也非常紧俏，大量用户需要排队凭票购买。随着社会经济不断发展，物质逐渐丰富，用户需求逐渐从单一的、同质的产品转变为多元的、个性的产品。同样对于家电产品而言，用户在购买时愈发注重品牌美誉度、智能化程度、定制功能甚至是消费体验等。产品单一的功能价值已经不能完全满足用户的全部需求。

用户群体的多样化、差异化带来更加多元的用户需求。随着我国社会的不断演变和发展，人民的生活方式、职业身份、行为特征等不断变化，用户群体日趋多元化。例如，"年轻消费新时代"用户群体兴起并逐渐成为消费主力，他们更加追求新鲜感、个性化和身份认同。用户群体不断分化，形成了种类多元、特色鲜明的消费需求。以往，企业往往面向大规模、同质化的用户群体进行生产。而现在，不同用户具有不同的偏好和观念，用户需求的差异性也日益凸显，企业应该深入了解用户群体的多元化需求。

互联网发展和全球化进程使得用户需求加速多元化。随着互联网技术在生产、流通和消费领域的广泛应用，用户的消费习惯和消费方式均发生重大变化。互联网技术减少了信息不对称情况，用户获取信息的渠道更多、可获得的产品更丰富，因此用户在决定购买时不再依据单一评判标准，而是结合自身需求与产品信息综合考虑。全球化进程不断深化的背景下，用户的消费观念受国际市场的影响加大，部分进口商品由于其质量、品牌等方面的优势深受用户欢迎。

用户需求的多元化为企业的生产和营销活动提供了更丰富的想象和实现空间。用户需求越是多元化、个性化，企业就越有机会在产品、服务等方面实现差异化发展。企业需要对用户需求给予充分关注和研究，只有洞悉用户需求的变化趋势，及时调节生产，才能更好地满足用户需求，解放用户。

（二）从基础到高级

马斯洛的需求层次理论认为，人的需求分成生理需求、安全需求、爱和归属感需求、尊重需求和自我实现需求，这五类需求层级依次提升。其中，生理需求和安全需求是维持生存的基本物质需求，爱和归属感需求、尊重需求以及自我实现需求属于高层次需求。一般来说，用户首先满足基本的需求，即功能价值；当基本需求得到满足之后，用户才会转而关注更高层次的需求，即情感价值和社会价值。

在物质匮乏的年代，产品和服务主要满足用户的生理需求和安全需求。在物质条件日渐丰富、人均可支配收入不断提升的今天，当基本物质需求得到满足后，用户产生了追求美好生活的向往，萌生了更加高品质的消费需求，用户关注焦点从"有没有"转变为"好不好"。例如，用户过去主要关注汽车是否行驶顺畅、价格低廉，现在除了汽车的基本功能外，更多地关注汽车的品牌价值、外形设计等因素。用户需求已经超越了单一的功能价值，转向产品或服务的情感价值或社会价值，其渴望的是生活的品质、心理的愉悦、生命的尊严和精神的充实。

只有更加优质化的产品和相关的体验、服务才能满足用户需求。对于企业而言，过去单纯以低价取胜的产品策略已经不能激发所有用户的兴趣。用户需求的不断升级已成为一种趋势。企业需要捕捉到用户需求，做好产品与服务的迭代升级，打造与产品有关的文化体验、社交体验、服务体验。

二、用户需求的洞察

"千人千面"，每个用户的需求各不相同，即便是同一用户在不同阶段的需求也千差万别。企业若无法精准把握用户需求，将直接影响企业为用户创造价值的能力。面对用户多样化、复杂化、动态化的需求，企业一方面要对各类用户特性进行深入剖析，洞察用户的常规需求；另一方面要利用新技术、新方法、新工具，在与用户的互动过程中及时捕捉用户的动态需求，深挖用户的潜在需求，以便适时调整产品的设计和生产，不断升级产品和服务的品类和质量。

（一）用户特征分析

虽然用户需求具有较大的差异性，但是同一群体的用户通常具有相似的群体特征和普适性的需求。掌握每类用户的需求特征，有助于企业高效、准确地洞察用户需求，从而将有限的资源精准投放到用户最需要的地方，达到"事半功倍"的效果。一般地，市场营销理论将用户分为个人、企业组织、机构和政府。其中，机构指的是学校、医院、诊所等为人们提供产品和服务的机构。在我国情境中，机构和政府作为公共服务组织，基本都是非营利性组织，两者在采购过程中的行为和决策模式具有较高的相似度，因此，本书将机构和政府合并为公共组织用户。按用户的组织归属，本书将用户群体分为个人用户（C端，Consumer）、企业用户（B端，Business）和公共组织用户（P端，Public）。

个人用户（C端）数量庞大，单个用户需求量较小，但从总体来看，个人用户市场需求量具有极大的潜力。个人用户重视产品或服务的性价比，对价格较为敏感，即使对于奢侈品也不例外。其消费行为受感性因素影响较大，重视产品或服务的情感价值和社会价值。个人用户群体内部仍有较强的差异性，可以根据自身特质、消费行为等特征将个人用户进一步细分为多个子用户群。

企业用户（B端）单个用户需求量大。与个人用户相比，企业用户对于产品和服务的消耗量和需求量更大。企业用户在采购过程中非常重视产品或服务的性价比，因为其面临着成本压力和同业竞争压力。企业用户追求时效性，因为其采购产品和服务通常服务于生产，时效非常重要。企业用户的消费行为较为理性，购买行为需要先经过企业内部的决策流程。通常而言，企业用户对于采购的产品或服务的技术要求更高，其往往希望能使用更高级的技术，从而让自身的生产提质增效，这也对供应商的技术和创新提出了更高要求。

公共组织用户（P端）包括政府、学校、医院等机关事业单位和社会上的非营利组织等。大部分场景下，公共组织用户特征与企业用户相似，二者的主要差异是，公共组织用户的价格敏感性相对更低，由于不具有利润最大化的动机，其向供应商转移成本的压力较小。公共组织用户对于安全性、合规性的要求更高，因为公共组织用户的日常业务关系国计民生和社会正常运转，掌握着海量数据信息，其使用产品和服务需保障安全可靠。相对而言，公共组织用户信用水平较高，用户的稳定性较强。

事实上，每类用户群体还可以进一步细化为更小的群体，这样企业对用户的需求把握才能更加准确，如个人用户根据用户自身特质区分不同地域、性别、年龄段等；企业用户根据规模分为大型企业和中小微企业等。在掌握群体特征的基础上，企业还需采用先进的需求分析工具进一步细分用户，以便精准掌握每一个用户的个性化需求。

（二）用户需求分析工具

企业只有精准洞察用户需求，才可能为用户提供满意的产品和服务。有效分析用户需求的前提是广泛收集用户的相关信息和意见建议，尽可能地了解用户。最朴素的了解用户的方式是与用户进行面对面交流。例如，企业通过直接询问用户的方式了解用户的喜好以及消费习惯。问卷调查也是一种被广泛采用的搜集用户信息的方式。当前，以人工智能等高新技术的应用为特征的科技革命浪潮席卷全球，数字技术成为了收集用户信息、刻画用户特征的重要辅助手段。

伴随着用户需求从基础的功能价值转向关注情感价值和社会价值，企业的需求分析重点也应该同步转向关注用户的体验与感受。以大数据分析为基础的用户画像、用户旅程图、社群聆听等用户分析工具借助信息技术和统计手段，全方位、全过程呈现用户的真实体验与感受，极大提高了用户分析的效率和准确性。

1.用户画像

用户画像是大数据等技术在用户细分、用户群体特征刻画的应用之一。在实践中，普遍认为用户画像是用户信息标签化，通过收集用户的社会属性、消费习惯、偏好特征等多维度数据，对用户的特征属性进行刻画，并加以分析、统计，挖掘潜在价值信息，从而抽象出用户的信息全貌。用户画像可看作企业应用大数据的根基，是精准营销与效果评估的前提。

随着用户画像技术的进一步完善和发展，其应用愈发广泛。当前，用户画像已被用于旅游业、酒店业、银行业、零售业、物流业、保险业等多个行业，有效助力企业分析用户特征，根据目标用户的需求有针对性地设计产品和服务。

2. 用户旅程图

用户旅程图是一种将用户体验浓缩成"端到端"的可视化分析图。通过对用户在线上或线下接触到品牌的所有接触点进行展示，用户旅程图直观地展现用户如何看待企业的品牌、产品或流程。用户旅程图案例如图3—2所示。

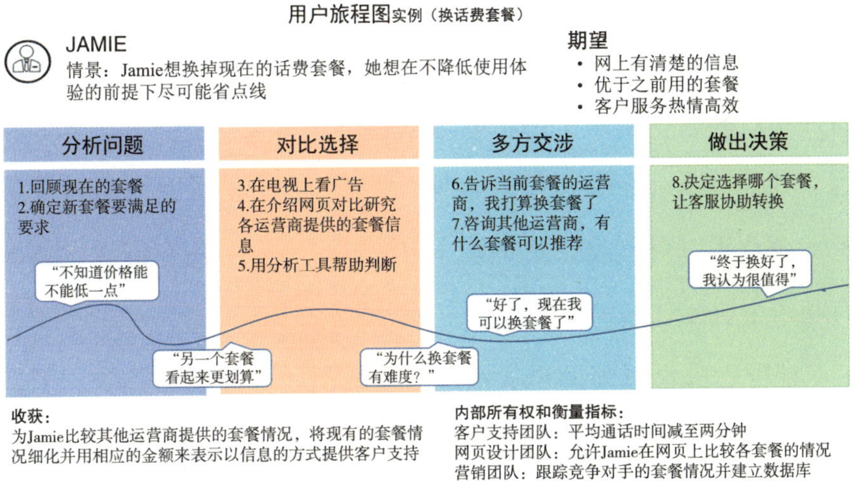

用户旅程图实例（换话费套餐）

JAMIE
情景：Jamie想换掉现在的话费套餐，她想在不降低使用体验的前提下尽可能省点线

期望
• 网上有清楚的信息
• 优于之前用的套餐
• 客户服务热情高效

分析问题	对比选择	多方交涉	做出决策
1.回顾现在的套餐 2.确定新套餐要满足的要求	3.在电视上看广告 4.在介绍网页对比研究各运营商提供的套餐信息 5.用分析工具帮助判断	6.告诉当前套餐的运营商，我打算换套餐了 7.咨询其他运营商，有什么套餐可以推荐	8.决定选择哪个套餐，让客服协助转换

"不知道价格能不能低一点"

"另一个套餐看起来更划算"

"为什么换套餐有难度？"

"好了，现在我可以换套餐了"

"终于换好了，我认为很值得"

收获：
为Jamie比较其他运营商提供的套餐情况，将现有的套餐情况细化并用相应的金额来表示以信息的方式提供客户支持

内部所有权和衡量指标：
客户支持团队：平均通话时间减至两分钟
网页设计团队：允许Jamie在网页上比较各套餐的情况
营销团队：跟踪竞争对手的套餐情况并建立数据库

图 3—2　换话费套餐的用户旅程

资料来源：Sarah Gibbons，Journey Mapping 101，https://www.nngroup.com/articles/journey-mapping-101/，December 9，2018.

对企业而言，用户旅程图是企业代入用户视角的有效渠道，帮助企业加深对用户需求痛点的理解。用户旅程图生动描绘了用户与公司提供的产品和服务之间的互动过程。一张成功的用户旅程图可以对企业现有的产品和服务进行有效评估，并有助于激发出更好地满足用户需求的思路。企业通过迭代、测试和验证新方案，为用户重新安排"旅程"。使用用户旅程图还有助于帮助企业深入了解用户的感受，从而提升企业与用户沟通的效率。许多企业通过用户旅程图分析用户的体验过程，以提升自己产品和服务的质量。

3. 社群聆听

在社交网络年代，用户在社交媒体上的转发、评论、点赞，都是用户需求的一种反映。通过社交网络去了解目标用户的需求和意见是洞察用户需求的有效渠道。社群聆听指企业收集和分析目标用户和潜在用户主动在网络上发布的与产品、品牌相关的内容。社群聆听让企业得以"倾听用户真实的声音"。通过社群聆听，企业得以更直观、更迅速、更低成本地了解用户需求，从而有利于企业针对用户需求变化进行快速响应。

社群聆听可以帮助企业跟踪品牌状况、改善用户体验、丰富营销活动，基于社群聆听分析用户需求也有助于企业有针对性地采取措施改进运营方式甚至调整企业战略等。另外，自然语言处理、机器学习和图像识别等数字技术，能够让社群聆听覆盖用户范围更广泛、对用户需求的分析更准确。可以预见，未来以用户为中心的商业模式，将更加依赖于大数据、人工智能、物联网等科技。

过去，由于缺乏高科技手段，企业难以准确捕捉每一个用户的需求和特征，只能对用户形成笼统的概念。在数据采集与分析技术高度发展的时代，用户画像、用户旅程图、社群聆听等工具可以帮助企业更高效、更准确地捕捉用户需求。大量真实的用户数据信息是用户的"代言人"，清晰展现出用户的特征、需求、消费习惯等信息。用户不再是一个特征模糊的群体，而是一个个具有清晰需求和特征的个体。通过运用这些高科技手段，企业更加清晰地了解到用户的需求，并根据用户需求调节生产，从而为更好地服务用户、解放用户奠定良好的基础。

（三）挖掘用户潜在需求

上述需求分析工具主要针对用户的显性需求，即用户已经表现出来并为外界所了解的需求。除显性需求以外，用户还具有未被意识到或不能被清晰表达的潜在需求。潜在需求较难被发现，在多数情况下，用户自身也意识不到自己的潜在需求。例如，在胶卷年代，用户追求的是成像更清晰、色彩更亮丽的胶卷，几乎没有用户能想象到数码相机和电子相机。

潜在需求与显性需求之间具有关联性。技术发展和产品创新能够使潜在需求自动转化为显性需求，并逐渐为社会所熟知。例如，古代用户对于交通工具的需求只是一辆快速的马车，而在汽车发明后，用户对汽车的需求日益增长。

为了解放用户，企业不仅需要针对用户的显性需求进行生产，还要基于对用户显性需求的洞察，不断挖掘用户的潜在需求，并通过技术创新满足用户的潜在需求。首先，企业需要站在用户的角度来评估产品，而不是站在产品制造者的主观角度来进行思考。企业应倾听用户真正的诉求，深入剖析用户反馈信息背后隐藏的需求，争取走在用户需求的前面。其次，企业要以用户需求为出发点进行创新，这种创新不是脱离实际的空想，而是基于对用户痛点的分析，设想可能满足用户需求的技术应用情境，包括产品特征性能的创新、使用方法的创新等。企业应有"十年磨一剑"的韧性，致力于科学探索，勇于创新开拓。唯有不断针对用户需求进行技术创新、产品迭代，才能更好地服务于解放用户。

第三节
用户价值创造

用户需求的精准洞察是为用户创造价值的基础。在解放用户的用户价值体系下，企业与用户进行深度互动，共同创造价值。价值的创造已经突破了企业与用户原有的界限，延伸到企业和用户的互动过程，甚至是用户与用户的互动过程。这也就是说，用户价值不仅来源于企业，还来源于用户与企业之间的共同创造以及用户自身的创造。企业和用户的角色都发生了转变。企业不仅是用户需求的响应者，还是用户的合作者，用户从过去的单纯的消费者，发展成为参与生产和消费的"产消者"。

一、用户与企业价值共创的领域

根据波特提出的价值链理论，企业创造价值的过程被细分为若干相对独立，但在功能上又彼此关联的生产经营活动，其核心的活动包括产品的研发、制造、销售、物流、售后等环节。从实践来看，用户和企业在研发设计、生产装配、营销推广等生产经营活动中开展广泛互连和合作。基于价值链理论、价值共创理论和相关研究，结合大部分企业价值共创的实践，本书认为，当前用户与企业价值共创的领域主要涵盖共同设计、共同生产和共同营销。

（一）共同设计

传统模式下，产品由企业独立进行研究、开发、设计等环节。企业研发部门员工通过头脑风暴等方式产生创意，企业对这些创意进行评估后获得有效的创意方案。随着用户角色转变成"产消者"，企业在灵感生成、提炼创新等环节拓宽了原有边界，不再将研发部门作为设计灵感的唯一来源，而是与用户共同完成产品的研发设计。共同设计的典型方式包括创意众包和组建研发小组等。

创意众包指的是企业把过去由员工执行的研发设计任务以自由自愿的形式交给大众完成。众包模式起源于互联网，该模式利用互联网将用户的知识、智慧、经验转换成实际的成果。例如，软件开源运动让用户协作开发程序，百科网站鼓励用户自行上传词条内容。除了互联网企业以外，越来越多的企业采用众包的方式获取创意，以此确定目标用户所需的产品和解决方案。例如，宝洁、波音等公司将研发难题放到网站上寻求用户解答；戴尔公司发起创意风暴项目广泛征集用户创意。

用户代表和企业的研发设计人员也通过组建研发小组的方式共同进行产品的开发。用户深度参与创新的全过程，在开放的氛围下与企业员工进行沟通，激发双方的灵感和创意。企业对源自企业内部和用户群体的针对产品研发的意见建议，进行收集、分析、汇总、提炼，然后反馈给研发部门，使产品创新过程变成一种"开放式创新"。许多企业已经在与用户共同设计研发方面进行了成功探索，例如，某车企邀请多位卡车司机和货车司机作为客户代表，与研发人员共同分析细分行业的产品诉求，为车辆的功能设计拓宽思路。

在共同设计模式下，用户通过主动参与产品创新的前期阶段，使其创意和想法能够贯彻到产品设计的整个环节，进而直接影响产品后续的生产和营销环节。共同设计促使企业聚焦用户不断变化的需求，同步完善迭代产品设计，这不仅有利于提高新产品的市场接受程度，还能够帮助企业节省部分研发费用和市场调研费用，助力企业降低成本。

（二）共同生产

用户与企业在生产环节进行合作，共同创造价值的模式逐渐兴起。共同生产是企业和用户共同将投入转化为实际的产品与服务的过程，对用户和企业双方而言是"双赢"的结果。共同生产既有利于用户充分发挥主观能动性，也有利于企业深入洞察用户需求，还可以充分利用有限的资源来满足用户日益增长的多元化、个性化需求，从而实现双方的价值最大化。共同生产打破了传统模式下企业在生产环节中的绝对主体地位。在共同生产中，用户与企业处于平等地位，用户与企业的紧密合作是生产的重要组成部分。用户既可以与企业共同生产自己所需的产品，也可以为其他的用户生产所需的产品或是提供个性化的服务，这使得用户的忠诚度不断提升。从已有的实践来看，共同生产的主要方式包括自助服务以及用户参与装配运输、样品测试与评估等。

自助服务是共同生产的最突出表现形式。由于服务具有无形性与即时性，服务的生产过程一般与服务的消费过程同时发生，需要企业与用户共同参与。在共同生产的模式下，用户不是被动地出现在服务的提供过程中，而是主动地、积极地参与生产，承担更多的责任和任务。诸如自助餐厅、自助银行、自助超市等服务形式，都是用户深入参与生产过程，与企业共创价值的体现。

除了完整的生产过程，部分企业也鼓励用户参与到产品的组装、运输等过程中。企业通常将这类产品设计成易于操作的模式，让用户在组装运输等过程中切实感受到自己对于成品的贡献。宜家公司的组装家具和乐高积木玩具就是这种产品的范例，其为用户提供了定义产品的机会。

此外，用户还可以参与样品测试与评估，以帮助企业完善设计方案。用户协助企业完成即将上市的新产品测试，提供有效的反馈与评价，从而帮助企业进一步完善产品，提升产品成功的概率。用户的深度参与为新产品提供真实的测试场景，企业可以及时地观察和记录用户对新产品的态度和真实反应，有效检验产品创新的效果，为产品投放市场和未来的推广提供科学的参考依据。

（三）共同营销

在传统营销中，用户常常是被动接受营销的主体，只需面对企业准备好的各种样品，接受销售人员的推销与说服。而在共同营销模式下，用户深入参与营销互动，成为主动营销推广的主体。用户在共同营销中发挥的作用主要包括产品促销、品牌建设和客户服务等。

在产品促销方面，用户主动宣传推广产品，为产品增加曝光率，从而提升产品销售量。伴随着移动互联网的普及和微博、微信等社交媒体的出现，用户参与宣传推广产品的行为愈发普遍。如果用户喜爱一款产品或服务，会自发地在社交媒体或平台上主动进行宣传和推荐。用户的消费点评既表达了自己的反馈与评价，又为其他用户提供了消费参考，无形中起到了导购作用，促进了产品或商家的推广。对潜在用户而言，已消费的用户的评论成为他们选购商品和服务时的重要参考依据，甚至成为促使其消费的主要动机。可见，用户对于其他用户的信任程度已经远高于对商家广告的信任程度。

在品牌建设方面，用户积极参与品牌建设，维护品牌形象。当用户对某品牌或品牌背后的企业文化十分认可时，会成为该品牌的忠实用户，并在社交圈中自发地对该品牌进行传播，也就是所谓的"有口皆碑"。通过用户的社群营销，品牌的正面形象得以建立，知名度和美誉度得以上升。在过去，由于缺乏互联网渠道，用户品牌建设行为的影响力较为局限，品牌形象通常只能影响到与用户关系最紧密的社交圈。而在互联网时代，依靠新媒体平台，品牌传播的传播速度快、影响范围广。一个品牌可能因为有效解决用户痛点、满足用户需求而快速成为备受全社会关注的热门品牌，也可能因为产品质量低劣、触犯用户底线而受到用户的广泛抵制。

在客户服务方面，用户还会通过提供产品使用咨询建议等方式与企业共同开展客户服务。传统的营销模式下，用户通过拨打客服热线询问使用产品过程中遇到的问题，企业员工对此进行解答。而在共同营销模式下，许多用户在网络平台上通过主动发布帖子、回复评论等方式为其他用户答疑释惑，这些答案也为未来更多用户提供借鉴参考。对于企业来说，用户评论也成为企业了解用户反馈的重要渠道。

二、用户与企业价值共创的方式

作为价值创造者，用户需求已不是简单的生活必需品的消费和满足，而是比以往更复杂更深刻。用户主动地投入各种资源参与价值共创活动，其最初的动机是价值共创的过程能让用户收获更多的价值。与价值共创领域相对应，用户与企业进行价值共创的方式主要包括表达需求与创意、共享知识与技能、推荐产品与服务三部分。

（一）表达需求与创意

在传统模式下，企业在从事生产前进行市场调研以了解用户需求，但这种需求往往是方向性的、较为模糊的，难以真正捕捉用户更具体的需求和创意。传统模式无法满足用户对产品的创造性需求，因为用户对于产品的创新观点无法得到及时的响应。

在共同设计过程中，用户积极主动地表达自身需求，为产品和服务提供创意，企业同步获取用户具体的想法和思路，进而按照用户需求设计相应的产品或服务。这有助于企业为用户提供高度契合的产品和服务，以及提升用户在产品或服务过程中的体验感。此外，当用户参与共同设计过程时，即使其创意比不上企业内部的专业人士，但是这种共同创作的经验本身为用户提供了情感价值和社会价值。用户在创造性活动中能够收获诸如自我实现感、认同感等体验，在与企业的研发设计人员进行交流及建立社会关系时也会获得社会价值。

（二）共享知识与技能

价值共创过程除了需要用户投入时间和人力之外，还需要用户投入知识和技能等基本资源。知识和技能是广义的，知识不仅包括用户拥有的信息资源和常识，还包括用户的洞察力、判断力等内容；技能指的是用户参与产品装配、运输等多方面的经验、技巧、技术和能力。

在价值共创的过程中，知识跨越了用户与企业的边界，在用户与企业之间流动。知识的流动通常是双向的，通过用户与企业间的频繁互动实现。用户向企业传递自身拥有的信息，企业也向用户传递关于产品、服务和营销等方面的知识，有时企业还会对用户进行必要的培训，以帮助价值共创过程顺利开展。

企业重视用户投入的知识、技能，并且在互动过程中给予良好反馈，也让用户获得情感价值和社会价值。用户购买的已不只是产品和服务，还包括分享知识、贡献技能，并最终与企业一起达成价值共创目标的独特体验，这种独特体验成为用户参与价值共创的重要驱动力。例如，有的企业鼓励用户从事产品组装、改造等传统意义上由企业完成的工作，并增加与用户的交互频率，用户通过自身努力成功完成产品组装，在此过程中收获成就感。

（三）推荐产品与服务

互联网的普及使得用户能够随时随地获取信息、交流观点，互相之间形成不同程度的连接关系。在价值共创模式下，用户即便完成购买或消费，也并不代表用户与企业关系的终结。用户可以通过线下交流或线上平台来分享自己对产品的评价和态度，帮助产品进行信息扩散，树立产品或品牌的口碑。

用户积极参与产品和服务推广的行为能为用户自身带来更多的情感价值和社会价值。线上品牌社群中存在着大量利他行为，总有用户愿意主动分享产品使用技巧、帮助解决其他用户的疑惑，其原因在于帮助他人、为他人带来启发的过程让用户感受到自己为社会带来了积极影响，这为用户带来了获得感和成就感。此外，在线上品牌社群中成为意见领袖、收获他人的称赞为用户带来认同感。

无论是在共同设计、共同生产还是共同营销过程中，企业都需为价值共创提供充足的保障，包括知识信息、技术等软件支持和平台、空间等硬件支持等，以保证价值共创活动顺利进行。软件支持方面，企业在必要时应对用户进行专门的指导和培训，确保用户真正了解该产品的专业知识及营销服务方面的信息；企业还可以设置适当的激励机制和管理机制，鼓励用户参与价值共创，从而确保价值共创活动顺利推进。硬件支持方面，企业需根据其设计的价值共创环节，提供相关的创作平台、线上论坛或线下工作坊空间，并在价值共创过程中给予用户足够的支持和帮助。

整体而言，用户与企业的价值共创过程是动态发展、不断循环的。在价值共创过程中，用户和企业双方不断学习和积累经验，共同评价反馈价值创造的成效，以进一步提升下一阶段的价值共创成效。未来，用户与企业价值共创的领域和方式必将更加多元，价值共创也将渗透到企业价值链活动的更多环节。

第四节
用户价值实现

用户价值的载体不仅是企业提供的产品和服务，还包括用户与企业共创价值的过程。这就要求企业给用户提供更多的价值共创机会，引导用户更多地参与互动并为此提供必要支持，以满足用户对价值的不同期待。同时，企业需要提升产品或服务带来的用户价值。

一、用户价值实现过程

结合上述分析，用户价值在两个过程中得到实现，首先是用户主动参与价值共创的过程；其次是用户对产品或服务的使用和消费过程。用户价值的实现不只发生在用户和企业的互动过程中，也存在于互动合作的用户社群之间。

价值共创活动实现了用户的情感价值和社会价值，并有助于实现功能价值。用户在共同设计、共同生产阶段中投入自己的技能、信息等资源，与企业进行深度互动，并与企业进行资源整合。在设计和生产的互动过程中，企业对用户的想法和意见给予充分的尊重和重视，这使用户产生认同感、成就感、归属感等情绪，进而带来情感价值和社会价值。此外，由于产品和服务在设计、生产阶段充分融合了用户的创意和想法，使其更符合用户实际需求，能为用户提供更多的功能价值。在共同营销阶段，用户与其他用户的良好互动能够为用户带来愉悦感、认同感等感受，有助于用户实现情感价值和社会价值。

用户在消费产品或服务过程中直接获得效用，实现用户价值，这是由产品和服务本身的特性带来的。在消费不同产品和服务时，用户实现的功能价值、情感价值和社会价值不同。例如，一瓶普通的饮用水可以满足用户解渴的需求，其提供的主要是功能价值。而一瓶品牌认可度高的饮用水，能够满足用户获得认同的需求，其既为用户提供了功能价值，也为用户提供了社会价值。

用户价值实现与企业价值实现是相互促进的关系。用户在价值共创过程中获得的产品和服务越满意，实现的价值越多，用户为企业带来的价值就越大，企业在市场竞争中的优势就越大。简而言之，在价值共创过程中，企业通过为用户创造价值实现自身价值，用户与企业共同促成双方价值实现。

二、推动用户价值实现

在解放用户理念下，企业需要为用户提供更多参与价值共创的机会，提供支持性保障，并且竭尽所能增加用户总价值，降低用户总成本，助力用户价值实现。

（一）提供价值共创机会

企业应当建立和强化与用户的关联，给用户提供更多价值共创的机会，引导用户参与到价值创造过程中。这有助于企业给用户提供更多的情感价值和社会价值。与用户的关联和互动分为两个层次：首先是用户和企业的互动；其次是用户和社群的互动。用户和企业的互动远不止于在交易环节的直接互动，设计、生产制造、订单、支付、运输、收货、售后服务等全流程，都是用户和企业可以互动的环节。企业在商品生产到销售的全流程中，鼓励用户充分参与，建立和加强与用户的信任关系。同时，企业也应鼓励用户和社群建立联系，鼓励用户在社交圈里主动、积极参与信息的分享、互动，这就更能提升企业带给用户的情感价值和社会价值。

（二）支持价值共创活动

企业在与用户进行价值共创时，应当在知识信息、技术、平台等方面提供充分支持，甚至可以设立激励机制，鼓励用户参与价值共创。在知识信息和技术支持方面，当用户在价值共创活动中遇到技术难题或知识瓶颈时，企业需为用户提供足够的知识信息支持和技术保障，帮助解决用户遇到的问题，并通过创建数据库等方式保存与共享价值共创信息。在平台支持方面，企业需为用户提供参与价值共创的线上或线下平台，如建立用户线上社区实现共同营销，建立线下互动工作坊实现共同生产。在激励机制方面，由于用户在价值共创中贡献了知识、技能等资源，企业可以给予用户相应的精神或物质激励，鼓励用户长期参与到价值共创活动中。

（三）提升用户总价值

提升用户总价值，最重要的是改进产品质量，提升功能价值。持续改进产品质量是企业永恒的目标之一。当今时代，科技创新不断涌现，技术不断迭代更新。如果企业不能持续改进产品质量，久而久之就会失去用户。企业需要持续完善其质量管理体系，在现有基础上不断优化生产工艺，提升产品的性能和质量，为用户提供足够的功能价值。

其次，可以通过丰富产品内涵，提升情感价值和社会价值。在追求个性化、差异化的时代，用户对产品和服务的需求逐渐多元化、高端化，产品和服务蕴含的情感价值、社会价值受到用户的重视。因此，企业提供的产品和服务不应仅仅聚焦于为用户提供功能价值，而应该拓宽视野，开发生产能够帮助用户发现自我、表达自我的产品和服务，使得单纯的产品能够转变为具有文化内涵和精神享受的消费体验，能体现用户的积极形象和价值观。通过这些与用户需求相匹配的产品，用户能够获得其所需的情感价值、社会价值，而企业也能在此过程中扩大在用户群体里的影响力，树立更良好的企业形象。

最后，可以通过积极创新创造，以产品升级提升用户价值。企业在产品的设计和生产等过程中，应主动打破既有"行为惯性"和"思维定式"，深入挖掘用户需求。企业应分析用户关注的潜在价值因素，通过创造性地开发出新的产品和服务来激发用户巨大的潜在需求，以满足用户需求为动力，以加强核心技术研究为抓手，持之以恒地开展技术、产品、平台及场景等方面的创新，打造新的产品、新的服务、新的应用场景，不断提升用户价值。

（四）降低用户总成本

首先，通过持续降本增效，降低用户货币成本。对大部分用户来说，货币成本是其消费过程中的关键考虑因素。因此，在解放用户的理念下，企业应在降低成本、增加效率方面下功夫，为用户降低货币成本。企业应在合理范围内加大成本管控力度，提升成本规范化、标准化、精益化管理水平，充分盘活已有资源。同时，应改进企业内部组织管理模式，通过建设共享服务中心等方式，不断提高工作效率，降低运营成本。值得说明的是，"性价比"有时比价格的绝对低廉更重要。

其次，通过数字赋能业务，降低用户时间成本。随着信息技术的不断普及，用户和企业的距离不断缩短，耗费的时间也相应减少了。为降低用户购买的时间成本，企业经营者必须进行充分准备。许多业务流程已经实现线上化，以往需要亲临现场办理的业务，变成仅需要指尖的几次点击，大大节省了用户的时间。大数据、人工智能等技术的应用进一步降低了企业与用户之间的信息不对称，能够简化手续和流程，不仅有效节省用户的时间成本，还帮助企业的采购、生产、销售等各个环节转型升级。

最后，通过提供高质量服务，降低用户体力成本和精神成本。无论是售前还是售后，企业都应加强服务意识，给用户提供优质的服务，尽量降低用户的体力成本和精神成本。收到用户的反馈后，企业要以真诚的态度应对，及时、准确地做出反应，并在日后对用户进行追踪回访。这样可以让用户感受到被尊重和重视，为用户创造更多价值。而且，企业在服务过程中应当记录用户的需求和意见，将其作为对产品进行迭代升级的重要依据，从而促进用户价值实现过程的不断循环。

用户价值的实现有利于企业的价值实现。通过让用户参与到价值创造的过程中，企业可以有效地发现市场机会、改进现有产品、打造热门新产品、提高服务质量。当用户参与到设计、运输、组装等过程中时，企业还可以有效节约成本，从而推动自身效益提升。此外，与用户群体的良好互动有助于企业提高品牌知名度和影响力。整体而言，在解放用户的观念下，从用户需求出发，与用户共创价值，也能够为企业带来更多价值，从而实现用户与企业的互利共赢。从全社会来看，企业解放用户，与用户之间实现良性的价值共创将有利于促进社会效益的提升。

第四章
解放用户的组织能力体系

在现行组织能力的研究和实践中，事后理性和"内向"思维是两大问题。解放用户理念基于用户价值视角，采用外向的思维模式，从个体、组织、文化三方面对组织进行重塑，通过激活个体能量、打造组织韧性、塑造组织文化不断提升组织为用户创造价值的能力，从而实现与用户的价值共创。

第一节
组织能力体系概述

一、组织能力的维度

美国经济学家潘洛斯最早对"企业能力"进行探索，在1959年发表的《企业成长理论》一文中，将企业定位为"被一个行政管理框架协调并限定边界的资源集合体"，并构建了"企业资源——企业能力——企业成长"的逻辑框架。随后，理查德森在《工业组织》中指出能力是企业活动的基础，反映了企业积累的知识经验和技能，这一观点奠定了企业能力的理论基础。20世纪80年代开始，在企业内在成长理论的基础上，发展出资源基础理论、核心能力理论和动态能力理论。资源基础理论认为企业竞争优势来源于不可替代的异质性资源，企业通过使用其所拥有的特异性资源来创造市场价值，获得应有的市场地位。20世纪90年代，核心能力理论将核心能力定义为一种存在于组织惯例中的集体知识，用来协调不同生产技术，整合知识流，注重具有战略意义的技术流程。20世纪90年代中后期，外部环境发生了快速的变化，以上传统理论已经无法解释企业如何获得持续的竞争力，于是动态能力理论将企业动态能力界定为企业通过更新升级以适应外部不断变化的环境，通过战略管理来调整、整合、重构企业内外部资源与能力，以满足各利益相关者需求的能力。

目前，组织能力的研究和实践仍存在两大问题：事后理性和"内向"思维。事后理性指组织能力往往是通过观察分析企业或者竞争对手的产品或服务总结而获得，解释能力和预测能力非常局限。"内向"思维指企业的组织能力主要是基于企业内部视角或采用"由内而外"的思维模式，而不是基于外部视角（用户价值视角）或采用"由外而内"的思维方式进行。事实上，企业是通过为用户创造价值从而实现企业价值，并获得竞争优势的。

组织能力至今仍未有明确的统一定义。以往的研究主要基于组织运行过程和组织能力的组成要素两大视角对组织能力进行阐述。综合以往研究，本书认为组织能力指的是组织高效配置资源、有机协同一系列活动，动态实现组织既定目标的能力。具体而言，组织能力是知识（Knowledge）、结构（Structure）和文化（Culture）三方面相互融合而产生的结果。其中，知识是组织能力产生和发挥作用的关键基础，反映了组织能力的认知层面，主要指附着在组织内部人员身上的显性和隐性知识。结构是组织能力的重要载体，反映了组织能力的行为层面，主要指推动组织系统整体运行、组织知识动态更新、组织主体协同工作的系统化组织流程。文化是组织能力的本质，反映在组织能力表现出来的行为习惯，主要指价值、信念和规范等的外在行动表现。

二、组织能力体系的设计原则

与传统基于企业内部视角的组织能力不同，基于用户价值视角的组织能力体系构建始终以用户价值为逻辑起点，以用户价值实现为导向，以用户价值实现为评价依据。

（一）以用户价值为逻辑起点

企业之所以存在是因为它可以利用"稀缺资源"创造产品或服务来满足人们的实际需要，即企业存续的先决条件是用户需求。德鲁克认为，企业目标唯一有效的定义就是创造顾客。只有满足顾客的种种欲望和需求，社会才会把创造财富的资源交给企业。早期战略管理学家也认为，企业只有为客户创造额外的价值才有可能获得竞争优势。战略定位学派的支持者波特明确指出：

"竞争优势归根结底产生于为客户创造价值。"资源观的支持者巴尼等也同样将"有价值性"作为能力的基本特性之一。以用户价值为基点构筑企业组织能力，一定程度上可以避免企业将重点放在竞争者身上，不必为了有限的市场展开恶性竞争。企业应与用户保持长期的互动关系，聚焦如何为用户创造价值，根据用户的需求和偏好的变化趋势，盘活企业内外部资源，最大限度、最有效地为用户创造价值，从而实现企业的价值。企业与用户的价值共创过程是一个以用户需求为起点、以双方价值共创为结点的动态均衡过程。

（二）以用户价值实现为导向

传统地，企业将追求利益最大化作为生存的目的。当用户价值与盈利目标发生冲突时，企业往往会选择逐利，牺牲用户价值和社会其他主体的价值。这导致企业远离用户甚至危害社会，最终企业会因失去价值来源而损害自己的长远利益。用户的价值实现决定企业的价值实现，企业和用户的价值共创促使更广泛的价值实现。以用户价值实现作为构建企业能力的导向，即倡导将用户价值实现放在首位，坚持通过为用户创造价值来实现用户、企业和社会的多方价值共创。

（三）以用户价值实现为评价依据

基于用户价值视角，组织能力的价值体现在组织满足用户需求、创造和传递价值的程度。组织能力价值的本质就是企业能为用户提供功能价值、情感价值和社会价值，如图4—1所示。

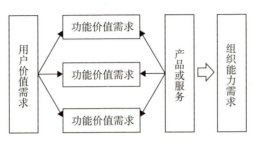

图4—1 用户价值需求与组织能力需求的关系

同时，组织能力的价值体现了用户价值需求（主体）和组织能力需求（客体）之间的关系，是组织能力供给和组织能力需求共同作用达到均衡的结果。首先，用户价值需求决定组织能力的需求。企业若想成为用户价值导向型企业就必须坚持用户思维，基于用户视角思考并决定企业应该建设哪些能力。其次，组织要素决定了组织能力的供给。组织能力的供给是一个复杂的动态过程，包括组织要素（知识、技能、结构、流程、制度、文化等）的数量、质量以及组合方式。最后，用户价值是组织能力价值的最终评价指标。组织能力既可以从用户视角进行，也可以从企业视角进行，但用户价值实现始终是基点和导向，决定了组织建设的方向和需求水平，如图4—2所示。

三、组织能力体系的构成要素

根据组织能力价值模型，组织能力的供给由用户价值需求决

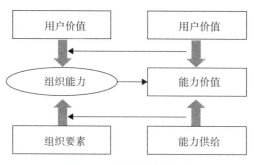

图 4—2　组织能力模型

定。组织能力的价值是组织能力满足用户需求、为用户创造价值的程度。这一定程度上取决于组织要素数量、组织要素建设的投入力度和利用效率，以及企业根据用户需求变化对组织要素进行组合、优化和变革的水平。

组织要素在组织中具体表现为人力要素、物力要素和文化要素。人力要素是以人员为载体的知识、技能、关系资源和责任感等软性元素，主要指管理者的领导和支持、企业人员的技术水平、人员与顾客的关系以及员工的意愿、知识和责任感等。物力要素是以结构、流程或制度等形式存在的硬性元素，主要指组织结构、业务流程和管理机制（制度）等。文化要素是以精神理念的形式存在的意识元素，主要指组织文化和价值观。组织能力的形成需要人力要素、物力要素、文化要素的投入和组合，离不开组织内部的人员和组织活动的价值创造，也离不开组织外部的用户和生态伙伴的价值发挥。本章重点讨论组织能够绝对控制的内部要素和活动。

人力要素是组织能力形成的基础。以知识为核心的人力要素是组织运行和发展的基础，是组织拥有的或者可以直接控制和运用的以人员为载体的关键要素。组织通过管理活动的配置整合，充分发挥人力要素的增值作用，从而为组织及其成员带来价值。

物力要素是组织能力发挥价值的载体。以组织结构、流程和机制为核心的物力要素是组织能力发挥价值不可或缺的载体。基于组织流程的观点认为，仅拥有能够为组织带来竞争优势的资源是远远不够的，还需要通过组织流程将这些资源整合在一起，即组织流程将其转化为价值的载体，并适时对组织自身的组织结构进行调整以利于协同控制、流程再造和系统执行。最终，通过组织流程将物质、信息、知识等输入要素整合形成价值输出。这个转化过程充分体现了组织流程和组织活动是组织能力的载体和价值实现的源泉。

文化要素是组织能力提升的本质。文化是组织内所有规则以及行为模式的总称。基于组织惯例视角，组织能力本质上是内化于组织结构与运行过程之中的惯例组合，是组织成员在组织价值观指导下适应组织结构过程、协调各种关系以实现组织目标而形成的技术惯例和行为惯例。

基于用户价值视角，结合组织的人力、物力和文化三大要素，解放用户的组织能力体系主要从个体、组织、文化三方面对组织进行重塑，通过激活个体能量、打造组织韧性、塑造组织文化不断提升组织为用户创造价值的能力，从而实现组织与用户的价值共创。

第二节
激活个体能量

进入数字化时代，人与组织的关系发生了天翻地覆的变化，从产消关系到超级用户关系，从雇佣关系到合伙关系，传统商业社会的边界正在逐步消失。对用户而言，他们已经不再是独立于生产过程的纯粹消费者，而是逐渐嵌入企业生产环节，成为名副其实的"产消者"。对领导者而言，管理的功能从过去的计划、组织、指挥、协调和控制逐渐转变为赋能，他们通过为个体提供发挥活力和创造力的平台，成就个体的目标和梦想，以个体价值实现推动组织整体价值实现。对员工而言，数字技术推动下的灵活工作模式逐渐唤醒了个体强烈的自我意识，他们的工作动机逐步从外部驱动转向了自我驱动，并开始追求个体的独立性以及工作带来的真正意义。对组织而言，组织价值的实现是通过组织中的个体为用户创造价值从而实现价值共创。可见，人力是组织能力的根本，人的价值创造能力直接影响组织能力。基于解放用户视角，组织只有解除组织内部领导和员工的束缚，破除内部机制体制障碍，重塑领导力和员工，充分释放人员潜能，才能更好地解放用户。

一、重塑领导力

领导力是一个企业成败的关键因素，随着知识经济的到来，人力资源成为企业的核心竞争力，领导作用的发挥直接影响企业的生存和发展。詹姆斯·库泽斯和巴里·波斯纳在《领导力》一书中将领导力界定为动员大家为了共同的愿景努力奋斗的艺术。

从工业时代的科层管理、20世纪70年代的知识管理到21世纪的人本管理，领导力类型的发展历程大致经历了四个阶段：权威型领导、服务型领导、价值型领导和生态型领导，如图4—3所示。

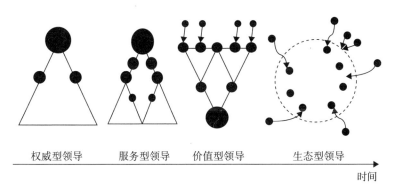

权威型领导　　服务型领导　　价值型领导　　生态型领导

时间

图4—3　领导力的演变

（一）权威型领导（家长式领导）

该类型是工业时代的产物。在传统自上而下的科层式架构中，权力的源头来自金字塔顶端，整个组织结构是传统的正三角结构。虽然这种架构中也采用了一定程度的"职能分权制"，但是底层的部门拥有的权力微乎其微，服务用户过程中需要确认的事项无论大小，都需要经过内部层层确认。随着外部用户要求的提高和组织规模的扩大，这种传统的领导力风格常常成为激活组织能力的巨大障碍，甚至会打击知识型员工的积极性和创造力。

（二）服务型领导（参与式领导）

20世纪70年代末，随着知识经济的到来，传统的权威型已经无法带动下属的积极性，于是服务型领导应运而生。该领导类型以服务追随者为根本目的，有着服务他人的强烈意愿，并且尊重下属个人价值观和尊严。服务型领导对应的组织形式通常采用"联邦分权制"，决策权逐渐从最高领导层下放至事业部，直接下属获得较多的权力，组织领导力呈现多层来源。但由于权力下放幅度和程度有限，高层是组织的重要决策者，基层员工依然扮演被动执行者的角色，处于被严格监控的状态中，自主性较弱。

苹果公司前首席执行官乔布斯就是比较典型的参与式领导者。1997年重返苹果之后，乔布斯推动苹果公司每周一上午都召开历时4个小时的管理团队工作例会。例会上，团队的每一个成员都有机会对公司的产品进行广泛讨论，乔布斯也参与其中，倾听每个人的意见，尊重每个人的尊严，赋予直接下属较多的权力。这个短短的例会，既是产品研讨会，更是价值观共享会。乔布斯利用这个会议强化了苹果公司的共同使命意识，使苹果公司"犹如一个完好的苹果产品那样紧密集合在一起，并且防止了部门之间的斗争"。

（三）价值型领导

该类型与以往最大的不同在于将外部"用户"纳入企业内部

作为重要的影响因素。价值型领导对应的组织形式被反转为"倒三角"结构，用户在企业的最上端，是一切决策的基础；一线员工在"倒三角"的最上端直接面对用户，企业原本处于金字塔顶端的高层决策者被反转到"倒三角"结构的底部。领导者和员工都服务于外部用户，一线员工是组织的核心，被赋予了决策权和评价权，同时领导者也保留了评价追随者的权利，这就形成了"双权力通道"。该类型是"去领导化"模式，并具有高度动态性。传统的领导由组织任命，位置高度稳定，薪酬取决于职位的高低。而该模式下领导位置不再固定，薪酬取决于他所创造的价值，且随时会被其他人所替代。

在海尔的"倒三角形"组织架构中，用户是真正的评价主体，对海尔一线具有真正的评价权。而一线的生产、市场和研发类小微企业具有对二级平台小微企业的绩效进行评价的权利，评价的标准一般是资源支持和服务等。海尔集团董事局主席张瑞敏认为，只有将原有领导者手中的权力释放出来并转移至顾客手里，才能真正建立以用户为中心的组织。

（四）生态型领导

21世纪，为了应对急剧变化的经济和社会环境，美国学者彼得·圣吉提出了生态型领导模式，将企业和社会的发展寄托在全体员工和全社会成员身上，激发他们的主观能动性，力图使所有成员从被动式转变为自觉发挥潜能、自我领导，进而实现个人、企业和社会的发展。

传统的领导力模式将组织自身利益最大化作为目标，不考虑外部性，甚至还借此打击竞争对手。生态型领导力则将生态系统的整体繁荣作为最终目标。在这种模式下，传统的金字塔组织演变为平台生态企业，成为开放性组织，共享利益。

基于解放用户视角，领导者对于变化的理解以及从中生发出战略的能力变得至关重要。重塑领导力的关键主要包括两个方面。一是领导自身需以用户价值为导向，明确规划组织的发展方向和目标，清晰设计组织的价值战略和策略，建构与战略目标匹配的组织支撑体系，同步优化组织管理流程，完善和制定旨在促进产品与服务质量提升、维护客户关系的各种管理和服务制度，并推动组织进一步授权。二是企业根据自身发展阶段的需要，逐步向价值型和生态型领导转变，通过组织支持影响员工的价值观、心理与行为，确保员工价值观与组织价值观同频共振，同时紧抓变局中的机遇，顺势而为，在变革中实现企业的价值共创。

二、重塑员工

员工是组织关键性无形资源（知识、技术技能等）的载体，也是组织实现价值创造的主体，员工的价值直接影响组织能力的价值。对组织而言，组织内部员工是创造用户价值的主体，如果组织无法为员工赋能，不能为他们提供资源支持和潜能发挥的平台，那么员工就相当于戴着"镣铐"生产产品和服务用户，这将极大阻碍他们为用户创造价值。

在数字商业时代，工业时代赖以增长的"规模效应"已经不再是组织基业长青的保障。为了寻找组织增长新动能，组织开始从管控员工转向激发个体，着重思考如何点燃员工干事创业的热情，激发每一位员工的创造力，激活组织中的每一个节点，从而推动组织持续发展。根据绩效 ASK 模型，假定组织能够为员工提供资源和管理支持，那么员工创造价值的能力主要取决于三方面：态度/意愿（Attitude）、知识（Knowledge）、技能（Skill）。其中，员工愿不愿意是干事的前提，能不能是干成事的首要因素，体现的是员工与组织价值观的匹配度以及员工干事的动力来源；知识和技能则是员工干事的基础。基于此，重塑员工的重点在于"四转变"：转变管理重心，转变管控模式，转变激励方式，转变培养模式。

一是转变管理重心。在工业经济时代，员工被组织视为一个个流程节点，被当成实现组织目标的工具，因此管理者采用科学化、规范化、制度化管理模式对员工进行管理，从而实现组织绩效目标。与大规模重复生产不同，移动互联网时代的工作逐渐向创造性转移，个人创造力成为组织价值的重要影响因素，因此组织的管理重心应该从"流程驱动"转向"人才驱动"。

二是转变管控模式。在传统的科层管理中，组织的权力是依据职能和职位进行分工和分层的，管理者对员工采用的是强管控模式，员工只能被动地执行上层的任务，不需要太多的主动性和创造性。如今，组织需要快速应对急剧变化的内外部复杂环境，这不仅需要员工发挥自己的聪明才智，还需要组织改变传统科层制下的强管控模式，转向提供自由空间的轻管控模式，充分释放员工的活力，激发员工的创造力，让每个人成为自己的CEO，主动解决问题。

三是转变激励方式。传统地，组织的生产要素主要是劳动力、土地和资本。因此，组织一般是按照员工的劳动付出给予相应的报酬，采用的基本是短期物质激励。然而，随着技术和社会的发展，组织的生产要素向知识、技术、数据、管理等方面拓展，这些新型的生产要素难以衡量，其作用的发挥很大程度上取决于员工的主观能动性。在这种情境下，组织需要转变激励方式，一方面通过建立强烈的使命和共同价值观，激励员工全情投入，自我驱动；另一方面要采用长期物质激励方式，让员工共担风险，共享利益。

四是转变培养模式。用户价值的实现程度取决于员工能力水平的高低。传统模式下，员工只需掌握岗位所要求的知识和技能。如今，工作的多变性、复杂性以及用户需求的多元化、高级化发展趋势对员工的能力提出更高要求。组织作为员工的强大支撑，应充分考虑员工职业发展和组织发展需要，统筹员工个人与组织目标，从而为员工提供定制化的培养方案，助力员工成才，进而推动组织发展。

第三节
打造组织韧性

为了更好地为用户创造价值，企业除了提升人的价值创造能力之外，更应在物力要素上打造自身独特的能力，尤其是在多变、不确定、复杂、模糊情境下稳妥应对外部危机的能力，这体现为组织的韧性。组织韧性的本质是组织与外部环境匹配的动态行为过程。外部环境既包括了用户，也包括组织所处的政治、经济、社会和技术环境等。

正如《孙子兵法》所言，"兵无常势，水无常形，能因敌变化而取胜者，谓之神"。在外部环境快速变化、用户需求逐步向多元化和高级化发展的过程中，组织需要具有高度的韧性，即从刚化的、官僚化的组织形态转向柔性的、敏捷的组织形态。组织韧性常被视为静态的能力或动态的过程，包括组织在预测、避免和调整应对环境冲击方面的潜在能力，体现在准备度和适应度两方面。准备度指的是组织采取主动或被动方法管理风险的程度，适应度指的是组织刚性或灵活分配资源的程度。

借鉴波特的价值链分析模型，本节结合韧性组织要求，以价值创造全流程视角深入探究组织的物力要素投入和运行过程，重点阐述组织如何通过重塑流程、重构架构以及开启数字赋能打造韧性组织。

一、重塑组织流程

用户价值的实现主要依赖于企业"端到端"的价值创造过程。企业的价值创造过程由一系列活动构成，主要包括增值性活动、要素性活动、牵引性活动和支持性活动四大类。这些互不相同又相互关联的活动构成了价值创造的动态过程，即价值链。价值链范畴从核心企业内部向前延伸至供应商，向后延伸至分销商、服务商和用户。对于企业内部而言，组织能力的来源在于以"为用户创造价值"为目标，在牵引性活动的引领下，围绕核心价值链优化资源配置方式，并确保支持性活动发挥基础保障功能。组织要素投入和运行的关键性活动如图4—4所示。

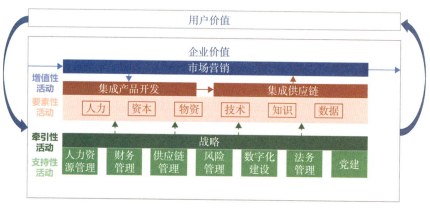

图4—4 组织要素投入和运行的关键性活动

增值性活动是价值创造主流程，是价值链最基础的活动，是企业最直接的价值创造过程，连接了用户需求到用户价值的实现，涵盖市场营销、产品开发、供应链等。市场营销覆盖两端，从用户需求响应、用户服务到用户关系管理。

要素性活动是支撑价值创造过程所需要投入的要素总和。传统的要素有人力、资本和物资，新增的要素包括知识、技术、数据，甚至涵盖创新和管理。本书将创新和管理作为组织动用资源的行为，而不是一种要素投入。知识、技术、数据的配置重点是充分发挥这三种要素在价值链过程中的创新作用。在数字经济时代，数字化转型作为推动组织发展的有效手段，将在全价值链流程中发挥赋能作用。

牵引性活动是具有前瞻性、指引性的活动，主要包括战略管理、投资管理、计划预算管理等。其目的是满足用户需求，应对内外部急剧变动的环境，提前谋划企业发展方向，动态高效配置企业关键性资源。战略管理的重点在于确保公司的发展方向不偏，战略执行到位。投资管理的重点在于确保投资安排合理，投资成效明显。计划预算管理的重点在于确保年度计划预算与公司战略发展和投资要求一致，并动态监控组织的运营情况。

支持性活动是支撑各类活动的基础性、常规性管理活动，主要包括人力资源管理、财务管理、法务管理、审计管理、供应链管理、风险管理等。不同企业的核心基础管理活动有所不同，有些企业将党建管理作为核心的活动之一，通过发挥党组织的政治、思想引领作用确保企业文化落实落地，发挥党支部的战斗堡垒作用、党员的先锋模范作用，打造一支"召之即来，来之能战，战之必胜"的队伍，确保企业战略执行到位，支撑企业高质量发展。支持性活动中的人力资源管理与要素性活动中的人力侧重点不同，支持性中的人力资源管理只提供基础的服务支撑，如人员的档案管理、选用育留的流程化管理等。

组织能力的高低一定程度上取决于以上四类活动共同作用下的价值创造程度，为了打造高效组织韧性，提升组织准备度和适应度，组织应在以下两方面下功夫。一方面，充分重视战略管理和风险管理，即将战略管理作为牵引性活动置于基础管理活动之上，同时在基础活动中增加风险管理模块，着重分析内外部环境变动带来的经营风险，提升组织的准备度。另一方面，转变管理思维模式和方法，根据内外部管理需要及时调整流程、组织架构，以及相应的制度等。组织将活动过程视为模块的组成，根据实际所需灵活组合各模块，并以模块的重要性程度配置资源，提升组织的适应度，从而确保组织在复杂多变的环境中，依然以高水平的组织能力为用户创造价值。正如德鲁克所言："在动荡的环境中，组织必须做到既能受得住突如其来的打击，又能充分利用突然的意外机会。"

二、重构组织架构

组织架构是组织权责利的动态结构，传统的金字塔形组织架构如直线型、职能型等，其权力都集中在塔尖，组织以制度化和法规化构建了等级制度。该架构虽然层级之间的职责分工明确，但是由于决策权从塔尖层层传递，当层级过多时则会影响组织的决策效率，也限制了一线员工自主性和活力的发挥。尤其是当组织需要快速应对市场变化时，与市场最接近的一线员工由于决策权缺失只能将决策层层传递到塔尖再传递回来，如此一来，决策效率和效果都大打折扣。

与金字塔形组织架构相对的是扁平式组织架构，其中，前中后台模式是第四次工业革命背景下的一种先进企业组织战略模式，是一种用户需求"拉动"的平台型组织。前中后台模式改变了传统的上令下行的管理模式，本质上体现的是权力的"倒金字塔"，即与用户接触最紧密的前台员工是现场决策者，不必事事上报。基于用户价值视角，为了精准洞察用户需求，敏捷回应用户需求，高效为用户创造价值，组织需要构建柔性的"前中后台"组织架构，充分授权一线员工，压缩管理层级，提升组织的决策和协同效率。

市场营销是直接面向用户的"前台"，受"前台"业务需求牵引的其他增值性活动是"中台"。为了适应前台服务用户的敏捷要求，中台除了流程上的链接作用之外，要素资源的高效配置也成为关键性活动。这意味着在"前台"的需求拉动下，那些能够共享和复用的要素性活动需要从组织的基础性活动中剥离出来并与直接创造价值的过程紧密结合，成为组织中区别于主流程的要素共享"中台"。作为牵引性活动的战略管理、投资管理等虽然也变得比以往的常规性管理重要，但是由于其时效性要求不高，与主活动的互动性较弱，因此牵引性活动和支持性活动成为组织的

"后台"。这里的前中后台不是严格意义上的组织架构，而是以用户价值为逻辑起点的四类活动重要性层次，前中后台的组织不是固化的，而是根据企业实际管理需要动态变化。

1.前台用户服务

"前台"是直接面对用户并直接创造利润的敏捷型服务部门，主要应对短期目标，需要快速响应用户需求，通过产品或服务创新为用户提供多元化和个性化的产品组合、服务以及一揽子解决方案。前台的用户服务水平是用户价值发现和用户价值实现的决定性因素。

2.中台运营支撑

"中台"是连接前台和后台的赋能型运营部门，主要应对中期目标，为前台用户提供支撑性"平台"服务。一方面中台通过运营的高效协同为前台提供支持；另一方面作为前台和后台的"接口"，中台根据前台需求快速调配后台的"资源池"，通过优化资源配置满足前台的需求。"中台"既赋能内部前台，也赋能生态圈企业和其他用户。中台运营效率是前台服务水平的决定性因素。

3.后台功能保障

"后台"是内部常规性、基础性的功能型保障部门，主要应对未来长期目标，负责战略管理、创新管理、人才建设、品牌建设、制度建设等任务。柔性后台通过搭建管理体系，强化核心职能，优化管控流程，为前中台提供专业的内部服务支撑，成为高效能职能管理平台。

海尔的"倒三角"组织架构是典型的前中后台模式。一级经营体是海尔的"前台"，与用户产生直接关联，直接面向用户需求，为用户提供一揽子解决方案以满足用户需求，实现用户价值。"前台"主要包括研发类、用户类（销售类）和制造类的自主经营主体，其拥有用人权、决策权和利润分配权。"中台"是二级经营体，主要为"前台"的一级经营体提供资源和服务，如人力资源、服务、市场营销、战略管理、供应链管理、质量体系等。"后台"是三级经营体（战略经营体），对内负责协同内部业务，建立健全运转机制，对外负责分析外部多变的环境，寻找新的战略机会。2013年之后，海尔将自主经营体升级为"小微"，即赋予前中台更大的权力，小微公司可以"自主决策、分配资金、自主用人"，真正从原来的虚拟核算单元转变成实实在在的独立核算单元。

组织韧性的打造除了组织设计如业务流程、组织架构之外，更为重要的是建立顺畅的运转机制。由于组织的运转是由多种活动、多个主体共同完成，因此激励机制、协同机制、共享机制成为提升组织效率和增强组织韧性的最为重要的三大机制。

与传统的机制设计略有不同，激励机制的重点在于为个体提供平台和资源，让个体充分展示个性特点，最大限度地发挥自身特有的潜力，最终以个人价值的实现带动组织价值的实现。个体被视为组织不可或缺的"细胞"，其与组织之间不再是简单的从属关系，而是价值共同体。于是，组织激励的方式逐步从短期的物质激励转向长期的物质激励与短期的精神激励结合。传统的人——

岗匹配也逐步转向人—角（角色）匹配，甚至是人—人匹配。

协同机制和共享机制则在数字的赋能下发挥更大的作用。区别于传统的线下协同和共享，数字技术的广泛运用和数字平台的强大支撑为协同和共享机制的高效运转提供了契机。除了业务流程变得直观可视和共享内容变得简单明了之外，数字化平台沉淀下来的数据更是成为了企业的核心资源，为企业的数字产业化、生态伙伴建设提供了重要的基础。

基于用户价值的组织能力体系建构重点在于：员工自身拥有"不可或缺"的定位，与用户形成价值共生；组织拥有应对外部不确定性、高效协同内部资源与活动的动态能力。

三、开启数字赋能

在数字商业时代，用户与企业的关系已不再是固化的产与消关系，而是被重塑为相互渗透、相互协作、共同创造价值的关系。依托系统平台，用户更有机会和能力深度参与企业的生产全过程，成为"产消共同体"。随着数字技术的发展，企业基于线上的管理和业务流程，借助专业的数据分析为决策提供依据，并充分利用新技术开发出定制化、多元化的管理工具，为员工和领导者赋能。

（一）服务数字化

服务数字化是以数字化手段及时洞察用户需求，快速响应用户需求，高质量提供个性化、多元化的产品和服务，通过数字化交互、自动化服务、智能化体验，持续不断为用户创造更多的价值。

数字赋能使企业与用户之间无缝连接、交互。用户从之前的被动接受者转变为业务流程参与者和价值创造者。企业借助移动互联网、物联网、云计算、智能技术建立数字化平台，存贮海量用户数据，持续追踪和跟进用户需求的变化，汇总用户的碎片化需求，即时精准定位用户个性化需求，提供配套服务。

（二）管理数字化

管理数字化是数字技术发展、业务发展和管理提升的必然要求，即组织利用数字技术和数字化平台推动组织业务流程重塑、组织架构重组、内部高效协同、资源优化配置、信息数据共享等，实现组织生产、管理、经营全过程数字化，实现横向互联、纵向贯通。

传统地，企业内部管理存在散、乱、弱现象。"散"是企业内各个部门之间联系少，协同少；"乱"是资源闲置、投放不精准，导致资源错位；"弱"是内部信息共享程度低，导致信息不对称问题。

杰克·韦尔奇曾提道："企业的组织就像一幢房子，当一个组织变大时，房子中的墙和门就增多，这些墙和门会阻碍部门间的沟通和协调。而为了加强沟通和协调，你必须把这些墙和门拆除。"部门"墙"增加了公司的组织成本，削弱了组织的整体性，使得企业无法跟上用户需求的变化速度。数字化则打破了企业内部一面面的"墙"，通过工作在线协同，信息同步共享，强化了各部门之间的联系，使不同业务系统之间无缝连接，有效解决了内部"散"的问题，大大降低了组织内部的协调成本，提升了组织运行效率。

数字赋能改变了以往依靠人管资源的松散管理模式，企业借助智能化工具、数字化系统实现资源的可视化、智能化动态管理，有效解决资源"乱"的问题，实现资源的最优配置。

在传统管理中，企业各环节的沟通主要靠书面和口头传达，这在一定程度上影响了信息的共享范围和传达效果。随着"烟囱式"数字平台转向数据共享平台，企业内部信息的传递方式从线下转向线上，信息存储方式从个体转向共享。这就使得各部门能在同一时间获得相同的信息，降低了"信息不对称性"，为内部协同合作提供共识基础，提升协作成效以支撑前台的服务。典型的如格力电器的业务集成系统，通过协同办公系统这一业务总线融合多个分散的系统，打造集成统一的工作台，集中呈现与工作相关的信息资讯和审批待办，同时，借助强大的表单建模功能，快速构建多节点复杂流程，满足业务灵活变化的需求。

第四节
塑造组织文化

组织文化是组织内部所有成员共享的基本理念、价值观、规范和信仰模式。文化的层次主要包括人工产物、信仰的价值观、潜藏的基本假设三部分。人工产物指群体的可视产物，如物质环境的结构、语言、艺术品、技术、产品、着装风格、可视行为和组织程序等。信奉的价值观指的是经过群体共同认可的价值观，如战略、目标、理念等。潜藏的基本假设是价值观和行动的根源，指的是无意识的、理所当然的信条、感知、想法和感情。

"细胞结构原理"则由内到外将企业文化层次细化为企业的精神文化层（细胞核）、企业的制度文化层（细胞质）、企业的行为文化层（细胞膜）、企业的物质文化层（细胞壁）。这四个层次缺一不可，相互作用，其中精神文化层是内核，物质文化层是基础保障。

对企业而言，文化塑造维系了员工的幸福感、生产效率、企业业绩、客户声誉及投资者信心。企业文化不仅体现了企业的生产运营特色、管理特色等，还反映了企业的使命和价值观等，从根本上回答"企业为何存在"的问题。具体而言，企业文化一般体现在企业目标、价值观和品牌三大方面。企业目标代表企业对未来发展的期望，具体包括企业的使命、愿景和具体的战略目标等。价值观代表企业的核心理念，是推动并指引员工行为的原则、标准。企业品牌传达的是企业的经营理念、文化、价值观和对顾客的态度，是企业对自己产品和品牌作出的承诺，代表与顾客之间的沟通互动方式。

亚马逊关于企业使命和目标的表述体现了企业文化的变化：

从聚焦产品与服务本身转向以消费者为中心。1997年亚马逊的上市文件里，公司的使命为"亚马逊的目标是成为领先的产品与服务的在线零售商，而一开始我们会聚焦在书籍市场"。两年后，在1999年的股东信里，贝佐斯公开强调"我们的使命是成为全世界最以消费者为中心的公司，一个消费者可以在这里找到任何东西的线上平台"。几年之后，亚马逊的目标只剩下一句话"我们的使命是成为全世界最以消费者为中心的公司"。

与亚马逊的"以消费者为中心"类似，解放用户的理念本质上体现了人民至上的根本价值特质，要求企业坚持用户至上。在追求企业发展的多元目标过程中，始终把满足人民对美好生活的追求摆在第一位，把对人民负责、对用户负责作为最核心、最关键的考量，决不以牺牲用户利益换取短期的或局部的企业发展利益。

解放用户理念除了显性体现在组织的目标、价值观和品牌之外，更为重要的是推行落地，真正成为被组织成员认可并成为共同遵循的基本信念和认知，这就需要依靠组织、领导者和员工三方在一系列实践中的共同行动和努力。

一、组织推文化落地

组织作为塑造组织文化的核心主体，发挥着顶层设计和实施保障功能。从创建"符号"体系、搭建有效路径到提供基本保障，每一个环节都离不开组织的主体地位。

一要创建体现组织文化的"符号"体系。为了确保理念的精髓在传递过程中不丢失、不走样，企业需要建立一个科学、有效的交流系统——"符号"体系。员工与员工的沟通、组织与员工的沟通、组织与组织的沟通应当真实有用，最终形成一个存小异求大同的理解模式。只有统一思想，员工才会放心大胆地践行解放用户理念，不断创造更大的经济价值和社会价值。

二要搭建学习组织文化的有效路径。解放用户理念需要被缓慢习得，并在实践过程中不断地被加以完善。组织应加大文化理念视觉应用，利用办公场所、营业场所、文化展馆、文化墙、便签纸、电脑屏保等载体完整应用文化理念。以文化理念为指引，统筹开展品牌文化价值输出，充分展现价值主张和品牌形象。

三要提供践行组织文化的基本保障。员工践行企业文化的过程离不开恰如其分的激励。组织可以通过提供精神激励或物质激励，充分调动员工的主观能动性，激活创造性，促使文化逐渐被员工习得并转化成真正的行动。腾讯为了让文化落地，直接将文化写进公司的"宪法"，并为文化创建了特有的"符号"——腾讯的四神兽，分别为长颈鹿（正直）、海燕（进取）、犀牛鸟（合作）、鹦鹉螺（创新）；同时借助物质载体——神兽文化衫将文化显性化；并经过极具仪式感的激励性行动——11月11日拍摄全公司合影，表达同衣同心，为员工践行组织文化提供基本的物质保障。

二、领导者当文化"三者"

领导者是塑造组织文化的关键个体，其行为模式对文化塑造具有决定性作用，对员工的行为也具有决定性的影响。因此，领导者要当好"传递者""执行者"和"捍卫者"。

当好"传递者"，要采用简单明了的方式，使用通俗易懂的语言表达，进行有效的宣传，让组织内外部的人都能清晰地了解其深刻内涵。通过教育培训、观察、模仿、实践、评价反馈等，逐步让员工掌握解放用户的内涵要义，不断强化员工行为与用户期望之间的匹配度。

当好"执行者"，要深刻理解领会解放用户内涵要义，并亲自践行组织文化。在学习、践行组织文化中起模范带头作用，以自身的行动彰显解放用户理念的价值主张，带领员工逐步习得理念精髓，共同实现从思想转变到行为转变，真正做到内化于行。

当好"捍卫者"，要建立完善制度保驾护航。将解放用户理念落实到公司内部各项管理制度，体现出该理念对组织、员工的要求，包括薪酬福利方案、绩效考核标准、招聘用人理念、员工行为守则等。

三、员工让文化"三入"

员工是塑造组织文化的最重要群体，其行为模式直接反映了企业文化。作为企业重要的组成部分，员工需要主动让组织文化入脑、入心、入行。

入脑代表着员工对解放用户理念的认知和认同。当员工对理念的认同度越高，员工越能朝着企业所需的方向前进，从而带来较高的绩效和忠诚度。

入心代表着员工个人理念与企业理念的真正融合，体现的是个人价值观与企业价值观完全匹配。当解放用户理念与员工的个人理念完全融为一体时，员工就会以解放用户理念指导工作，在工作中时刻坚持用户思维，自发以"为用户创造价值"为目标。

入行代表着解放用户理念不但进入制度，还成为企业员工和用户心目中实实在在的形象，并真正转变成员工的日常行为，其在工作中始终坚持用户思维，践行用户理念。

判断企业文化建设成功与否的最终标准是"业绩"，即企业的长期经营业绩是否得到了提高、企业的战略目标是否得到了实现、企业的宏观远景是否得到了保护。否则，企业做了再多的文化工作都只能算是一种隔靴搔痒式的资源浪费，成了中看不中用的"绣花枕头"。基于用户价值视角，企业文化塑造成功的标准是企业真正"以用户为中心"，为用户创造了价值，从而实现全社会价值共创。

第五章
解放用户的生态伙伴体系

伴随着用户需求的多元化、高级化与社会分工的专业化、具体化趋势发展，企业越来越难以全过程独立支撑从用户需求获取到用户价值实现的价值创造。为了最大限度地为用户创造价值，企业必然要联合外部生态伙伴一起完成价值创造过程。基于用户价值视角，生态伙伴体系重点讨论组织与组织之间的生态关系，并基于解放用户理念阐述企业的生态角色功能、生态伙伴合作策略及生态伙伴的关系治理模式。

第一节
生态伙伴体系概述

一、生态伙伴体系的定义

随着数字技术和数字经济的蓬勃发展，数据深度融入人们的工作和生活，信息的传递变得更加迅捷，企业与用户之间的信息鸿沟也变得更加模糊，这些变化激活了用户更多元化的价值诉求。企业仅凭一己之力难以跟上用户价值的迭代步伐，这就驱使企业变革固有的价值创造模式。企业对于创造用户价值的讨论已不再局限于传统视角下的组织内部价值链，而是逐步向企业外部的上下游供销商和其他外围价值合作方延伸，希望借助外部的力量补全自己的组织能力拼图。组织与组织之间的联系不断拓展，就形成了完整的用户价值创造网络，这就是"生态合作"。

在解放用户理念的语境下，用户价值是生态活动的中心，为用户创造价值是生态成员共同的追求。企业寻求生态力量的初衷是为更好地实现用户价值。因此，企业以用户对产品和服务的期望为纽带，连接企业、用户和其他相关方，形成匹配用户功能价值需求、情感价值需求和社会价值需求的能力组合，并伴随着价值创造的过程不断发散和扩张，进而带动信息流、资金流和价值流。所以，整个生态的价值创造活动实质上都是在围绕用户价值而展开的。数字技术则使得用户的价值诉求更深度地嵌入生态活动当中，令用户价值与生态成员变得密不可分。这一点其实是用户与企业之间价值共创关系的进一步发展。从用户视角来看，互联网的蓬勃发展帮助用户可以更大范围地参与并指导整个生态的价值创造活动，将自己的智慧和创意与生态活动深度融合，实现从旁观者到参与者的转变。对于生态而言，用户的深度参与会带来更加牢固的用户黏性和更加精准高效的资源配置，生态在实现用户价值的同时也为自己创造了价值，实现了价值共生。

综上所述，本书认为生态伙伴体系指的是在自然、社会等环境中，以用户价值为中心，以能力互补为导向，汇聚社会各行各业组织个体而形成的生态组织形态。具体而言，用户价值是生态伙伴体系的使命，价值共生是生态伙伴与用户之间的联系纽带，价值共创是生态伙伴体系与用户共同实现价值追求的最佳选择。

二、生态伙伴体系的设计原则

生态伙伴体系的核心是用户价值，生态伙伴成员在创造用户价值的过程中实现自我价值。相比于以企业为中心的商业体系，生态伙伴体系的设计原则主要有以下三点。

首先，"用户价值"是生态伙伴体系的逻辑起点，体现"价值共创"。传统商业体系的生态活动出发点是龙头企业的利益诉求。生态伙伴体系重视与用户互动沟通、注重与用户共创价值，以用户价值为生态活动的出发点。从用户视角看，整个生态体系应具备完整的用户价值创造网络，能够清晰地描述整个生态伙伴体系为用户创造价值的过程和价值的传递路径，各项价值创造活动均围绕用户价值开展。生态体系的价值标准反映用户在功能价值、情感价值和社会价值等方面的价值诉求。从生态成员视角看，用户是价值共创的合作者，卓越的用户价值是生态成员成功的关键。依托围绕用户价值形成的生态伙伴体系，可以更准确了解用户需求并响应用户的价值诉求，确保产品能以最佳的方式送达用户。

其次，"为用户创造价值"是生态伙伴体系的目标理念，也就是"理念趋同"。在商业体系中，成员以逐利为主要目的，各取所需，关系较为松散。与之相对应的是，生态伙伴体系成员始终以"为用户创造价值"为导向，内部价值取向高度统一，以全心投入的精神和真诚的态度，共同实现用户和整个生态伙伴体系的价值愿景，持续响应用户个性化、多样化需求，激发用户潜能，切实增强用户的获得感、幸福感和安全感，让用户真正得到实惠。

最后，"如何为用户创造价值"决定生态伙伴体系的能力组合，这表现为"内部无界"。传统的商业体系的核心主体是龙头企业及其上下游商家成员，政府机构、高校和行业协会等其他成员更多地被归入外围"边缘人"。实际上，数字经济背景的行业边界已经变得愈发模糊，"跨界"无处不在，诸如互联网企业造车、自媒体带货、政府大数据服务等打破原有身份标签、跨界进入新领域的案例比比皆是。可以说，数字技术的快速发展丰富了组织能力的多样性，使"能力"与"行业"不再有严格的对应关系，上下游搭配关系也变得更加灵活，这为生态伙伴的能力组合提供了更广阔的想象空间，同时也给了用户更多的选项。因此，生态伙伴体系以用户价值为中心，打破了原商业体系的内部边界，消除了固有的行业标签，在更广泛的范围内组合整个生态的价值创造能力。

三、生态伙伴体系的构成要素

生态伙伴体系成员因用户价值而相聚，因价值共创而相联，成员之间彼此平等、互相扶持、价值趋同、内部无界。因此，综合考虑成员关系和环境约束，生态伙伴体系的组织结构可以分为成员层和环境层。生态伙伴体系的组织结构如图5—1所示。

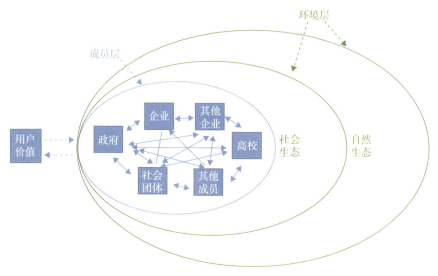

图5—1　生态伙伴体系组织结构图

（一）成员层的构成要素

成员层由生态伙伴体系全体成员组成，成员主体呈现多样性的特征。首先是跨越多边界的分布多样性。从成员属性来看，伙伴成员可以是企业、政府、高校等多种类型的组织主体；从区域分布情况来看，伙伴成员既可以在同一区域内，也可以来自全球各个角落。简单来说，在"用户价值"这一共同追求下，任何行业或区域的边界都不会构成阻碍伙伴成员聚合的壁垒。其次是能力组合的多样性。生态伙伴体系成员之间各有所长，并通过能力的差异和互补实现互动。在"内部无界"的结构特点下，伙伴成员之间消除了行业身份的隔阂，可以彼此取长补短，围绕用户的价值需求形成多种组合，实现优势互补，有效提高整个生态伙伴体系的系统活力和价值创造能力。

与传统线性结构的价值链或价值网络不同，生态伙伴体系成员层的形态是一个非线性网状结构，这体现在成员排列的无序性和成员交互的双向性。造成这一现象的原因主要有两点。第一个原因是前文所提到的"内部无界"结构特点。在不同的能力需求下，组织个体会出现在不同的位置，或是协助引入新的伙伴组织。因此，随着用户价值的迭代，生态伙伴体系之间的连接形态可能会随之动态改变。第二个更深层的原因则是用户价值的深度嵌入打乱了原有的价值链线性排布规律。在数字技术加持之下，用户深度参与到价值创造的每一个环节，这改变了常规的价值创造逻辑顺序，串行变为并行、下游提至上游等变化均不足为奇。一个典型的例子就是营销环节的位置变化。传统地，营销是价值链的末端环节，而其他环节与用户基本则是"绝缘"。而在生态之中，用户可与多个价值创造环节发生联系，这就为"精准营销"提供了机会，营销环节与其他价值创造环节深度融合，催生出价值创造网络的非线性化结构。

生态伙伴成员是共同进化的。成员彼此之间资源共享、能力互补、相互赋能，在与用户价值共创的过程中形成了互利共生的合作依赖关系，并进一步发展为共同进步成长。这一发展趋势的产生是整个生态伙伴体系不断满足用户价值需求的结果。在价值创造过程中，生态伙伴成员之间环环相扣，相互联动，彼此不可或缺，其中实力相对较弱的伙伴成员往往会影响到整个价值创造过程的效率。因此，为了更好地服务用户，处于短板位置的伙伴成员会不断地通过学习去提高自己的本领，处于领先位置的伙伴成员也会持续分享自己的资源、知识和能力，不断激发其他伙伴成员的潜力，促进价值创造能力的整体提升。

（二）环境层的构成要素

环境层包括社会和自然两个方面，是影响生态伙伴体系的众多外部宏观因素的集中体现。环境层紧紧围绕伙伴成员，是生态成员的外部约束。环境层的健康是生态成员生存和发展的重要保障。紊乱的环境功能会动摇生态伙伴体系的生存根基，也容易引发内部成员的摩擦和冲突。因此，生态成员逐渐关注与外部环境的良性互动。

制度政策约束是社会约束生态成员行为的主要形式，这是由生态成员应依法合规行事这一行为标准所带来的。制度通常是指为社会生活提供稳定性和意义的规制性、规范性和文化——认知性要素，以及相关的活动与资源。合理有效的制度政策可以规范生态成员及其他社会主体之间的交互行为，降低互动成本，引导生态成员更加专注于围绕用户的价值创造活动，有助于激发整个生态体系的价值创造活力。与此同时，随着社会的不断发展和进步，部分制度政策会逐渐显得不合时宜，导致实行的效果偏离了初衷，无法发挥应有的规范引导作用，反而为生态成员增添了束缚，带来掣肘和困扰；一些冗余繁杂的流程规定也会影响生态成员的价值创造活动效率，甚至造成不必要的损失或浪费。这些问题都会妨碍生态成员的要素投入力度和使用效率，最终影响的是用户的价值实现。对于生态伙伴体系而言，与制度政策环境保持一个良好的交互是符合用户利益的，这一方面表现在遵章守纪行事，另一方面也表现在结合实际不断推动制度政策环境改善。生态伙伴体系的成员来自政府、企业、高校、行业协会等各类组织和部门，深度参与用户价值创造的过程，进而形成了一个深度嵌入社会的用户价值创造网络，与整个社会产生了广泛、深刻的价值联系，这是生态伙伴体系的结构特点，也是优势所在。当价值创造的过程遇到制度政策瓶颈时，与之相关的生态成员同样也是"听得见炮火的人"，可以直面问题，更高效地解决痛点，打通堵点，接续断点，打造更加优质的营商环境，释放生态成员的活力。

自然环境对生态伙伴体系的约束主要体现在两个方面，一个是自然资源的约束，另一个则是环境气候的约束。生态伙伴体系的价值创造活动需要投入自然资源，通过利用资源为用户生产产品或提供服务，这一过程涉及资源采集和利用的质量和效率。低质低效的资源采集和利用不仅会在当下造成极大的浪费，也会影响子孙后代的生存发展和资源前景。因此，生态成员应将资源采集利用活动的空间布局和未来发展规划纳入价值创造活动的约束条件，在创造价值的过程中关注自然资源的可持续利用和保护。环境气候的变迁则会影响人类社会的生产生活行为，进而影响用户价值诉求的内涵。在传统观念中，人们将自然在空间上视为一个装满有用资源等待开发的容器，在时间上视为可以用来加速生产过程、创造无限物质财富的工具。这种传统理念加速了人类社会的发展，但也积累了大量生态环境问题，环境污染和气候变暖问题日益凸显。万幸的是，人们已经逐渐意识到了环境保护的重要性，绿色低碳发展已成为全球性共识。保护生态环境就是保护生产力、改善生态环境就是发展生产力[①]。因此，生态成员的价值创造活动亦需要考虑到绿色低碳发展的要求。在价值创造的过程中，生态伙伴体系成员应当对自然环境怀有敬畏之心，与自然环境保持良好的互动，积极推动生产方式的绿色转型，将绿色环保、节能低碳的生产方式付诸价值创造的每一个环节，以绿色经济赋能价值创造；厚植绿色环保理念，培育用户绿色消费能力和习惯，借助与社会价值共创的过程，将绿色发展理念普及到社会的方方面面，在全社会形成生态保护的文化氛围。

总体而言，生态成员应充分考虑社会环境和自然环境的约束和作用，在价值创造过程中与外部环境保持更为系统性、全面性的友好互动，为解放用户提供可持续发展的大环境。

---

① http://www.qstheory.cn/dukan/qs/2019-01/31/c_1124054331.htm.

第二节
企业的生态角色

如同自然生态圈中的每个物种或个体一样，在企业生态圈中，受内外部因素综合影响，每个企业都有着不尽相同的功能和作用。一般地，生态语境下的企业可以分为三类。第一类是基石型（Keystone）企业，这一类企业主要发挥打造生态平台、统筹和配置资源的作用；第二类是支配型（Dominator）企业，这一类企业往往在某些领域具备较强的价值创造能力；第三类企业是缝隙型（Niche）企业，这一类企业数量较多，往往专注于某些细分领域的工作，需要依附于其他企业而生存。

这三种状态并不是绝对静止的，而是会动态转化。比如支配型企业本身具有较强的要素资源支配能力，具备向基石型企业转型的基础；缝隙型企业如在细分领域扎根较深，便有可能具备向支配型企业或基石型企业转型的潜力。对于一个企业而言，这三种状态往往也不会孤立存在，企业根据不同的场景和用户诉求选择不同的角色。比如某互联网公司在服务普通消费者时，扮演的是基石型企业角色，围绕消费者构建了一个庞大的互联网服务生态圈，并为这一生态圈提供必要的生态基础服务；而当该公司为企业级用户提供专业大数据产品时，扮演的是支配型企业角色，直接驱动产品的设计、开发、部署和调试工作。

在生态伙伴体系中，基石型企业主要发挥聚合作用，构建生态基础平台；支配型企业主要发挥所在领域的驱动作用，引领用户价值创造活动；缝隙型企业主要发挥补充作用，填补生态圈能力组合的细小空白领域，协助其他伙伴成员完成用户价值创造。本书基于用户价值视角，分别讨论基石型、支配型和缝隙型企业如何以用户价值为中心，在生态伙伴体系中各司其职，发挥好自身的价值创造功能。

一、基石型企业的生态角色

在生态伙伴体系中，基石型企业的角色关键词是"聚合"。一般而言，基石型企业具备聚拢商业网络和连接用户资源的能力。从用户视角出发，基石型企业广泛联系并促进不同伙伴成员之间互惠性连接，以用户价值为中心汇聚形成一个满足用户诉求的价值创造能力组合，提高生态伙伴体系的资源协同和网络效应，提升整个生态伙伴体系的全要素生产率，支撑整个价值创造活动的高效运转。

"聚合"的第一步是建设生态平台基础设施。生态平台承载生态伙伴体系价值网络，为生态伙伴成员提供可在用户价值创造过程中共享或复用的一系列产品、服务、技术、数据信息等。生态平台是用户和众多生态伙伴开展价值共创活动的载体。因此，基于用户价值的需要，基石型企业需要在生态平台上广泛接入多方伙伴成员，通过海量伙伴资源快速应对用户的价值诉求迭代升级，提升响应敏捷性；通过重组打包伙伴能力实现用户多样化的价值诉求；借助平台大数据的力量进一步透视用户价值，为用户提供更具附加值的产品和服务。对于用户而言，基石型企业同样需要为之提供一个参与生态价值创造活动的渠道，打破用户与生态伙伴的边界，利用线上线下多种形式的手段协助用户与各生态伙伴之间的协作和交流，发挥用户在价值创造过程中的作用，促进整个生态更加了解用户、洞察用户。海尔的COSMO平台是一个典型的生态平台基础设施。COSMO平台是一个工业互联网平台，用户可以在COSMO平台上亲自参与产品的创意，与设计师交互将创意变为设计方案，一步一步将创意变为产品，并通过体验试用参与产品改进迭代，而平台上的每个企业、资源方和用户都可以在平台上共创共赢共享，并推进整个平台非线性矩阵发展。

"聚合"的第二步是完善生态伙伴能力组合。生态伙伴体系因用户价值而生。基石型企业需要从用户视角出发，充分识别既有价值网络与用户价值诉求之间的差距，补齐生态价值创造能力短板，并在此基础上围绕用户深层次价值需要不断扩张价值创造活动，持续激发平台的网络效应。以网络效应反哺伙伴成长，实现用户与生态价值共生。因此，基石型企业需要以用户价值诉求为导向，有目的地引导和支持伙伴成员积极发展符合用户价值诉求的核心能力，完善伙伴成员的能力组合，优化价值网络，不断丰富和完善生态体系的功能。与此同时，基石型企业需要从地理和产业两个维度出发，不断拓展伙伴能力的广度和深度，积极推进生态伙伴体系价值创造能力的多元化融合，为用户提供更多样化的价值回报。

"聚合"的第三步是促进伙伴成员要素共享。生态本身便是一个巨大的要素集合体。对于生态内部而言，要素的交换和共享是生态成员相互连接的重要纽带之一，生态成员通过要素的交互形成了一种相互依赖的共生关系。而随着数字技术的发展，生态成员之间的要素互动、配对与共享也有了更智能高效的实现方式。基石型企业按照用户价值创造活动的需要协调要素在伙伴成员之间进行流动和组合，利用数字技术赋能生态平台，依托数据链，简化内部联系网络，促进伙伴协作，降低内部交易成本，驱动要素在生态内部顺畅流通，贯通每个生态伙伴的价值创造活动。

二、支配型企业的生态角色

在生态伙伴体系中，支配型企业的角色关键词是"驱动"。通常而言，支配型企业在某一领域具有很强的竞争优势，具备纵向或横向一体化优势，具有一定的技术、市场、资源等要素的控制能力，支配大多数的价值创造活动并直接控制和支配所创造的价值。基于用户价值视角，支配型企业需要适当调整原有的支配型经营思路，转而更加强调与伙伴成员互利共生，在自己擅长的领域中发挥自己的价值主导作用，从流程和结果这两个方面入手，动态有序地构建生态能力组合，驱动整个生态的价值创造活动紧密围绕用户价值而展开，向用户期望的方向运行。

从价值创造过程来看，支配型企业需要根据用户的价值诉求驱动所在业务领域的价值创造流程优化变革，并匹配相应的生态伙伴成员。流程是创造价值的组织方式，影响价值创造和共享的效率。生态伙伴体系的价值创造流程是生态成员为用户创造价值的一系列相关联活动，其始于用户、围绕用户、终于用户。作为价值创造活动过程中的驱动性角色，支配型企业需要牢牢掌控生态价值创造路径的用户价值导向，同时选取合适的伙伴成员构建价值创造网络。具体而言，支配型企业需要基于用户价值诉求和自身价值创造能力合理设计业务领域之间及伙伴成员之间的流程上下游配置和交互接口；调整伙伴组合，优化要素分配，完善价值创造流程的基础性环节；根据用户需要吸收具有异质性、独特性价值创造能力的伙伴成员，引入并完善增值性环节。特别是在目前用户价值多元化和用户主体深度嵌入生态价值创造活动的情况下，需要在流程环节中增加足够的用户触点，促进用户与价值创造活动的互动，借助用户视角评估整个流程及伙伴成员的运转效率，并作出针对性调整。

从价值实现结果来看，支配型企业需要根据用户的价值诉求驱动生态伙伴体系的产品和服务质量优化升级，并根据质量标准要求筛选出能力水平符合资质要求的伙伴成员。生态伙伴体系的价值创造成效好坏与否由用户是否满意以及满意的程度来评价。因此，支配型企业需要以用户价值为基点，综合考虑用户对功能价值、情感价值和社会价值的期望，设计并完善产品和服务的质量标准，推广覆盖至相应的价值创造流程环节，并选取具备相应资质的伙伴成员协同完成整个价值创造活动。与价值创造过程视角类似，支配型企业在价值实现的过程中也需要用户的深度参与。从用户的立场来看，出于互惠互利的考虑，用户愿意向生态成员提供有用的建议和信息，这有利于生态成员获取用户的真实需求；从生态的视角来看，用户是产品服务的第一手使用者，用户的意见中蕴含着丰富的市场信息、产品信息和价值诉求信息，以此指导质量标准的制定和伙伴成员的筛选，有助于生态伙伴体系更精准地响应用户的价值主张。

向基石型企业转型则是支配性企业的另一种选择。支配型企业自身已有较强的实力，具备向基石型企业转型的基础。因此，企业可逐步实施转型战略，利用自身影响力吸引更多的优质资源和伙伴，推动资源共享，降低生态伙伴体系整体成本，与伙伴成员共创价值，提升其他伙伴成员的合作意愿，从而达到向基石型企业转变的目的。IBM公司是一个从支配型企业向基石型企业转型的典型案例。在大型主机市场繁荣的时代，IBM公司奉行支配型企业策略，在大型机产业链中占有主导地位。但随着计算机技术的发展，这一策略在进入微型计算机时代后难以为继。在新的环境形势下，IBM采取了更加开放合作的生态策略，依托既有的IT基础架构，连接神州数码、Veritas等合作伙伴的资源，以成套解决方案的形式为用户创造价值，同时完成了从支配型企业向基石型企业的转型。

三、缝隙型企业的生态角色

缝隙型企业在生态伙伴体系中的角色关键词是"补充"。一般而言，缝隙型企业综合实力不强，但拥有独特的细分领域专业能力，并将自己的独特能力集中在某些业务上，依托其他企业提供的关键资源来开展经营活动，通过细分领域的深耕而在生态圈中谋求一席之地。基于用户价值视角，缝隙型企业的主要作用在于填补基石型企业和支配型企业等大型企业留下的空白领域，专注于一些细分领域的价值创造活动，为用户在细分领域的定制化需求提供重要补充，为其他伙伴成员的价值创造活动提供辅助。

入驻各大餐饮服务平台的餐饮企业是一种常见的缝隙型企业。随着互联网的发展，外卖成了广大消费者常用的餐饮消费形式。餐饮服务线上平台为众多餐饮企业尤其是中小型餐饮企业，提供了方便实用的外卖服务渠道，餐饮企业同时可借助平台提供的基础性服务有效改进用户服务质量和企业运营效益。从服务用户的角度来看，商家可借助平台的用户大数据为用户提供更精准有效的服务方案，平台的配送服务网络也有效提升了餐品配送效率，保障了用户用餐体验。从企业运营的角度来看，商家可通过平台提供的多种用户流量引流渠道分享流量红利，降低揽客难度；同时，商家也可借助平台的订单管理、采购、支付等大量的SAAS（Software as a Service，软件即服务）基础设施，节约信息化建设成本。

从缝隙型企业的特点可以看出，其本身较难撼动基石型和支配型企业的影响力，难以主导一个生态伙伴体系的走向。这一类企业将用户引入生态伙伴服务的方式主要是靠依附于某个成熟的生态圈。总体而言，缝隙型企业选择生态圈需要考虑三个方面的影响。首先是生态的文化理念，生态体系成员普遍愿意长期与用户共创价值，而不是谋取短期的商业利益；其次是生态体系的健康度，缝隙型企业往往是随波逐流的，因此需要选择一个具有生命力的生态体系来保障用户的利益和自身的成长；最后是生态位的兼容性，缝隙型企业在选择生态伙伴体系时，需注意自身与伙伴成员的生态位契合，即能力互补和资源共享，这样才能保障资源高效利用，规避内耗；否则会适得其反，既不利于用户价值创造，也不利于自身的生存和发展。

除此以外，由于各区域经济和社会发展的不均衡性，缝隙型企业所在区域可能并不存在基石型或支配型企业。在此情况下，缝隙型企业也可以考虑主动出击，在当地形成自己的生态伙伴体系。

第三节
生态伙伴的合作策略

一、生态伙伴匹配模型

企业存在的意义是为用户创造价值，然而用户的价值诉求一直处于不断变化迭代之中，这使得企业处于一个动态的、复杂的、不确定的环境下。为了不断满足用户的价值诉求，企业就必须动态调整生态伙伴的能力组合，选择与合适的伙伴相匹配，持续完善生态伙伴体系的价值创造能力。合适的伙伴可以帮助自己更好地借助生态的力量为用户创造价值，同时实现自身的成长和发展。所以，构建生态伙伴匹配模型，为企业选择恰当的生态伙伴提供指引，对于提高整个生态伙伴体系的价值创造能力，实现用户和企业的价值共创，具有重要的实践意义。

在解放用户视角下，结合生态伙伴体系的特征，企业与其他伙伴成员之间的匹配情况主要取决于两个方面。

一是价值理念的趋同性。也就是指企业与伙伴成员之间在解放用户理念上能够达成多大程度的共识。一个合作组织分崩离析、走向失败的原因，除了无法与合作伙伴实现资源能力上的互惠互利外，还有一个关键因素就是过度注重谋求私利，缺乏共同的愿景及价值观。因此，高度趋近趋同的价值理念，是维持生态伙伴体系有效运作、不断满足用户价值诉求的重要保障。

二是价值创造能力的互补性。这表现在伙伴具备的知识、技能、资源等价值创造能力满足用户价值的需要，同时也能补充企业自身的能力短板，构成更完整的用户价值创造能力组合。

综合上述分析，本书建立基于能力互补和理念趋同两个维度的生态伙伴匹配模型。如图5—2所示。

根据能力互补的程度和理念的一致性，可将生态伙伴体系中的伙伴关系总结为四类：核心伙伴、功能伙伴、思想伙伴和潜在伙伴。

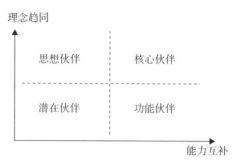

图 5—2　生态伙伴匹配模型

二、核心伙伴的合作策略

核心伙伴的特质表现在两个方面：一是价值理念趋同，对解放用户理念高度认同；二是能力互补，有助于企业补齐能力拼图，更好地为用户创造价值。这是一种最高境界的生态伙伴关系，是四种伙伴关系中最亲密的关系形态。

核心伙伴是企业生态伙伴朋友圈中的关键角色，会对整个生态伙伴体现的用户价值创造活动产生重要的影响。与核心伙伴建立长期稳定的合作关系符合用户的利益。因此，企业对于核心伙伴应当采取发展长期合作关系的策略。首先，要随时掌握核心伙伴的基本情况。企业需要将核心伙伴纳入重点合作对象，对核心伙伴的经营情况和交互成效进行动态监控和评估。其次，采取更为灵活多样的合作方式。企业与核心伙伴在理念和能力上均高度契合，这就意味着双方可以采取更加深入的合作形式。具体而言，企业可以与核心伙伴实施相互嵌入的合作模式，围绕用户价值共同制定长期性的联合规划，协同优化业务流程，建立完善的信息共享机制，提高价值创造活动的效率。最后，企业应与核心伙伴加强软实力合作。积极开展文化理念交流，持续增进双方理解和互信，推动人员交流和知识技术的相互学习，促进双方共同成长。

小米公司与其生态圈内创业者的合作关系为"核心伙伴"作了一个很好的诠释。小米公司的"真诚和热爱"这一价值理念得到了广泛认可，大量的创业者和消费者与小米在价值观上达成共识，并聚拢在小米公司周围形成了小米生态圈。在生态圈中，小米公司负责产品设计、供应链支撑和新品销售，创业者专注于产品研发，消费者负责参加产品测试，并在价值共识的驱动下，自发地为新产品开展口碑营销。在共同价值观的牵引下，小米公司、创业者和消费者同时作为交互主体，有效利用了生态资源，进行了高强度、高频率的价值创造，并形成了利益共同体。小米公司完善了生态圈结构，扩大了市场份额；创业者完成了新品研发，实现了自我成长；消费者则在价值共创的过程中实现了自己的价值诉求。

三、功能伙伴的合作策略

相对于核心伙伴，功能伙伴表现在能力上与企业互补，但在价值取向上会更多地考虑自身的利益，所以这一类伙伴更多属于商业上的互惠互利关系。与核心伙伴类似的是，功能伙伴在创造用户价值的过程中同样会发挥实质性的作用，所以在短期内，功能伙伴在企业生态伙伴朋友圈中同样占有非常重要的地位。然而，从长期来看，功能伙伴的逐利行为可能导致后期服务的波动甚至中断，存在损害用户利益的隐患。因此，企业与功能伙伴之间是否可以建立起长期稳定的合作关系仍然是个问号，需要长期跟踪观察。

广州标致汽车公司的衰落是一个典型的反面案例。广州汽车制造厂和法国标致汽车公司以合资建立广州标致汽车公司的形式开展合作。中方的合作初衷是建立合资企业，带动汽车工业、整个地区的工业发展，所以推进国产化进程是工作的重点。然而，法方的主要合作目标是通过建立合资企业获得短期内的高额利润，从来没有真正考虑过提高广州标致国产化率的问题，甚至在广州标致年销量未突破两万辆的时候执意向中国出口三万辆汽车的零部件，造成极大浪费。合资双方在价值理念上的差异，导致双方在决策行为、工作重点和工作方式上无法达成一致，最终导致合作失败。

综合上述分析，企业对于功能伙伴的合作策略应长短有别，根据用户价值的需要按近期和远期两个阶段分别制定。从近期来看，出于满足用户价值诉求的考虑，企业应当注重与功能伙伴保持稳定的合作关系。但与核心伙伴合作策略不同的是，由于功能伙伴在价值理念上与企业并不一致，因此与功能伙伴的合作关系更加需要依靠契约等"硬约束"机制进行约束，确保合作关系的稳定性。而从远期来看，企业需要主动做好"两手准备"：一方面是积极向功能伙伴宣传解放用户理念，鼓励并引导其将解放用户理念付诸实践，推动功能伙伴向核心伙伴转化；另一方面则是寻找功能伙伴的替代，若功能伙伴不具备向核心伙伴转化的条件，则应尽可能避免与其建立长期的合作关系，防止被其"绑架"，尽量降低用户价值创造活动的不稳定风险。

四、思想伙伴的合作策略

与功能伙伴相对应的则是思想伙伴。思想伙伴的表现在于与企业自身有着高度趋同的价值取向，认同解放用户理念并将其付诸实践。但由于空间上的距离、行业上的局限性或者用户需求约束等因素，思想伙伴在现有条件上无法与企业产生互补效应，暂时不能参与企业的用户价值创造活动。

企业对于思想伙伴的合作策略应该包含三个方面。在理念实践方面，企业可与思想伙伴积极开展对标活动，从新的视角去审视解放用户理念的具体实践方式，在思想伙伴的实践案例中汲取宝贵经验，获得有益启示，指导企业改善未来的用户价值创造活动。在能力契合方面，从用户需求出发，企业与思想伙伴可以通过人员交流、知识共享等形式，增进双方的能力契合度，主动推动双方关系由思想伙伴向核心伙伴转变。最后，企业需要持续关注用户价值诉求与思想伙伴能力的商机契合情况。用户的价值诉求是不断发展的，思想伙伴的能力可能会与用户新的价值诉求相匹配，此时思想伙伴可以迅速转变为核心伙伴。

供水公司、供电公司和燃气公司之间的关系是一个典型的思想伙伴关系。这三类企业都是公共服务型企业，在以人民为中心、高质量服务国计民生方面有着高度趋同的价值理念，但是彼此之间的业务相对独立，在用户服务方面的配合较少，体现出思想伙伴特征。近年来，随着数字化技术的不断发展，水、电、气"多表集抄"业务在全国各地陆续起步，供水公司、供电公司和燃气公司有望在大数据、智慧用能管理和综合能源服务等方面进一步加深合作，其合作关系逐步向"核心伙伴"转型。

五、潜在伙伴的合作策略

潜在伙伴表现在价值理念不一致，组织能力上也无法为价值创造提供实质性的补充帮助。对于这一类伙伴，企业在日常的生态活动中可能只有零星的接触。然而，随着外部形势的变化和用户价值诉求的迭代，潜在伙伴同样有可能向思想伙伴或者功能伙伴转化，企业便有望与潜在伙伴建立新的联系，形成更紧密的伙伴关系。

首先，企业应定期关注潜在伙伴的发展趋势，结合用户价值诉求研判其向其他三种伙伴类型转化的可能性。其次，通过行业协会、论坛年会等形式间接地向潜在伙伴传递解放用户理念，分享技术和知识，稳步提升相互之间的理念和能力契合度，引导潜在伙伴向其他三种伙伴类型转化。

第四节
生态伙伴的关系治理

伙伴关系治理是企业与其他生态伙伴维持长期稳定合作、共同为用户创造价值的重要保障。用户价值是伙伴关系治理的核心。以用户价值为中心，在"依法、合规、公平"这一基本治理准则之下，企业与伙伴成员之间以互惠共生为连接纽带，以理念趋同为思想基础，以创新发展为成长路径，促进伙伴成员之间保持良好互动，驱动整个生态伙伴体系有序运转和健康成长，不断提高用户价值创造能力。生态伙伴关系治理模型见图5—3。

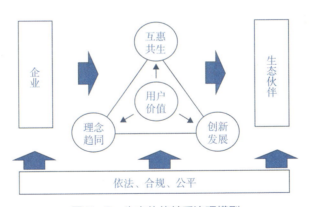

图5—3　生态伙伴关系治理模型

一、建立互惠共生伙伴关系

生态体系成员是相互关联、彼此共生的，这是生态体系的特性。互惠共生的表现在于伙伴成员通过合理的分工协作、相互赋能，补全整个生态圈的能力拼图，与用户一起实现高效率的价值共创，而彼此之间的交流和共享程度决定了共生关系的存在价值。因此，互惠共生是生态体系伙伴关系治理的重点。

互惠共生的其中一个表现在于要素共享。生态伙伴体系中的各种要素应能根据价值创造活动的需求在生态成员之间合理分配，不合理的要素资源配置会影响生态成员的生存与发展，甚至流失，降低价值创造活动的运转效率，进而影响到用户价值诉求的实现。因此，生态伙伴应该在相互之间建立以用户价值为导向的要素互助模式，制定完善的、正式或非正式的要素共享管理规则。具体而言，生态伙伴成员可以根据自身的角色定位采取不同的治理方式。例如，基石型企业可以发挥自身的平台优势，借助数字化技术手段构建要素共享平台，使共享要素变得可观、可测、可控，促进要素顺畅流通；支配型企业可以发挥专业领域影响力，驱动技术、知识、信息等资源要素在伙伴成员之间共享共用；缝隙型企业则可以通过建立契约、互相嵌入等手段与要素支配方建立稳定的要素获取渠道。

互惠共生的另一个表现在于能力共建。用户价值诉求和生态外部环境处于一个不断变化的过程中，这就要求企业通过持续学习来适应这种变化。在生态伙伴体系当中，伙伴成员是重要的用户价值创造者。企业与伙伴成员协作的过程同样也是相互学习交流、共同提升价值创造能力的过程，这里的学习包括两个方面的含义。其一是提升价值创造能力，通过了解和观察伙伴成员的活动，学习他们的优势知识和能力，并在对照比较过程中对加深对自身的认知，是一个积累成长的过程；其二则是提升洞察用户能力，伙伴成员与用户价值交互的过程可以为企业提供一个新的观察用户的视角，帮助企业了解用户的另一面，加深企业对用户的认知，有助于企业在未来更好地服务用户。

伙伴的信任是互惠共生的基础。对于用户来说，一个内部互信的生态组织显然更可能帮助他实现价值诉求。而对于企业来说，存在信任关系的伙伴显然比单纯依靠契约联系的伙伴更长久。信任关系的建立离不开良好的互动，一方面，保持文化理念上的交流，在价值理念上逐步取得共识，确立以用户价值为中心的价值取向。另一方面，在企业经营过程中要保持诚实可靠、公平行事的经营行为，与伙伴在价值创造活动中保持良好的协作关系，逐步树立起一个值得信赖的企业形象。

有效的激励是互惠共生的保障。互惠共生的本质在于伙伴成员之间的和谐，而机会主义行为则会损坏伙伴成员利益，影响伙伴成员之间的共生关系，进而影响整个生态伙伴体系的用户价值创造水平，最终受损的将会是用户。在信任关系的基础上，企业可以通过激励手段为互惠共生关系加上第二道防线。激励手段包括正向激励和反向激励。正向激励的治理手段主要有两种。其一是声誉手段。良好的声誉情况可以对伙伴成员产生积极的影响。企业可借助公共平台记录发布伙伴成员的声誉情况，加强伙伴成员之间的互相监督，引导伙伴成员自觉回避机会主义行为。其二是回报手段。企业可采取优惠价格或订单激励等经济手段对伙伴成员进行回报，或提供知识分享、协同创新等非经济回报，提高伙伴间的互惠期望，提升伙伴成员的长期合作动力。反向激励的治理手段则是参照正向激励手段相对应地制定一系列惩罚机会主义行为的措施，必要时甚至可以中断与此类成员的合作关系。

二、建立理念共识

对于一个生态体系而言，文化理念是一种得到生态成员广泛接受并认可的价值观念以及这一种价值观念所代表的行为准则和行为方式。理念趋同意味着这一理念在生态伙伴体系成员之间成为了一种为生态成员群体所普遍接受的道德规范和行为准则，并指导成员开展各项生态活动。文化理念的趋同有助于生态伙伴体系的稳定，有利于提升整个生态伙伴体系长期服务用户的能力，也有助于在伙伴成员之间形成普遍的信任关系。

在生态伙伴成员之间建立对解放用户理念的共识同样需要经过传播、引导和实践。理念的传播即是在生态伙伴体系中广泛宣传解放用户理念，在与伙伴成员交互的过程中向伙伴成员宣传解放用户理念的内涵，推广"以用户价值为中心"这一价值取向，在伙伴成员之间形成良好的生态文化氛围；理念的引导即是企业在价值创造活动的过程中以身作则，紧密围绕用户价值开展生态活动，以解放用户理念指导企业经营活动和伙伴交互，在经营活动中时刻坚持用户思维，时刻体现解放用户理念与企业完全融为一体，在伙伴成员之中形成表率；理念的实践则是将解放用户理念融入与伙伴成员的协作机制中，基于解放用户理念订立符合用户价值诉求的合作指引和流程，形成行为规范，并严格遵章执行，以契约文件的形式引导伙伴在生态活动中将解放用户理念付诸实践。

三、促进创新合作关系

创新是生态体系不断发展成长、增强实力的重要途径。当生态体系受到威胁时，就需要注入新思想和新活力，驱动关键技术、关键业务、关键流程变革和创新，促进生态体系演化出适应新形势要求的价值创造能力，重新塑造整个生态体系的价值创造网络。特别是随着数字技术水平的不断提升，在用户愈发频繁的价值迭代和愈发多元化的价值诉求之下，仅依靠生态成员扩容已很难跟上用户价值的变化趋势。可以说，用户价值的迭代驱动生态伙伴体系的进步，用户价值是生态创新的重要组成部分，脱离了用户价值，创新的意义将大打折扣。

知识分享是生态创新活动的基础，而知识分享治理则是保障知识在伙伴成员之间顺畅流动的重要手段。伙伴成员之间的知识分享可以有效促进生态伙伴体系的整体创新，但企业在知识分享的过程中不可避免地会遇到知识产权的问题，同时也会有核心竞争力泄露的顾虑。对此，可采取正式手段和非正式手段两种方式共同应对，通过知识分享治理来协调成员企业等利益相关者的权责利关系，保证生态创新活动正常运转，促进伙伴成员共同推动生态发展。在正式手段方面，可以采取契约、专利、商密等手段，形成对知识产权的保护。这一类手段有助于企业和伙伴成员明确共同的期望和目标，建立共同的创新基础。在非正式手段方面，则可以构建生态圈内的信任和规范，通过关系治理降低机会主义的风险，树立建设性导向，提高伙伴间对于生态创新的良好预期，更好地获得对方的嵌入性知识。

资源共享是生态创新活动的保障，创新资源协同治理决定生态创新活动的成效。创新资源包括资金、技术及人才等一系列要素。资源的协同过程涉及生态成员之间在资源投入上的权责划分、利益分配等，不恰当的交互机制可能会引起成员关系的不和谐，抑制整个生态的创新效率，最终损害用户利益。详细明确的规则可以保障伙伴成员顺畅地与其他伙伴成员分享自己的优势资源。在生态创新活动的初期，伙伴成员之间可以建立完善的契约机制来明确各方的权责、义务和收益分配方式。实力较强的生态成员往往在订立契约的过程中占据主导位置，这一类成员需要充分考虑用户的价值诉求和整个生态的长远发展，以用户价值为导向，围绕价值创造流程来设计整个创新资源投入和分享机制，避免借助自身的强势地位来获取短期的利益。而从长期来看，各方可以借助不断往复的互动关系来形成信任和默契，有利于修正前期不恰当的资源共享交互模式，同时也会在生态圈中形成体系惯例，影响新加入伙伴成员的生态创新活动。生态伙伴体系的创新资源投入边界取决于用户的价值诉求。当用户对于创新并不抱有过高期望时，企业与生态伙伴体系可以适当降低创新资源投入，避免过度创新造成资源浪费；当用户对创新有较大期待时，企业应当应紧扣用户需求，加大创新投入，同时积极联系其他伙伴成员或是引进"外援"，紧密围绕用户的价值需求来扩大创新投入，同时实现生态圈自身的持续成长和发展。

第六章
解放用户的评价反馈体系

"解放用户"是企业落实以人民为中心发展思想的主动作为，是企业为用户创造价值而不断精进的过程。在解放用户的过程中需要闭环管控、持续完善，确保各项工作围绕"用户价值"开展，而评价反馈是闭环管控中必不可少的一环。解放用户的评价反馈体系以用户的评价为起点，拉动组织能力评价及生态伙伴评价，指导产品优化迭代与服务流程改进，实现组织能力和生态伙伴体系的动态完善，最终促进全社会价值的螺旋式提升。

第一节
评价反馈体系概述

一、评价反馈的定义

（一）评价

哲学上讲的价值是主体和客体之间的一种意义关系。在主体和客体的相互作用中，存在着一种主体为满足自身需求对客体的功能和属性进行选择、利用和改造的关系，或者说客体通过自身的功能和属性满足主体需求，实现主体目的的关系。这种关系就是价值关系，价值的大小是客体对主体需求满足程度的大小，是客体对于主体意义的大小①。

价值往往是通过评价被揭示和把握的。评价活动是随着人类社会的发展而自然产生的。人类社会的评价活动源自人类本能的判断与选择，比如所处环境如何、能否居住、附近有无食物来源等。这种原始的评价活动取决于自身积累的经验，不具备科学性。随着时间的发展，原始的经验评价逐步演化为系统的、独立的评价活动。评价的形式也逐步从定性评价转为定量评价，并最终形成了结合定性评价和定量评价的综合评价。

评价即评定价值，是主体对客体属性与主体需求之间价值关系的判断。当客体的属性和功能满足主体的需求，主体就给予客体以肯定的评价；当客体不能满足主体的需求，主体就给予客体以否定的评价。主体的需求在价值关系和价值生成中起引导和驱动作用，是评价标准的价值尺度，也是其内在尺度。客体的本质和规律对主体的需求在一定程度上起制约和规范作用，是评价标准的真理尺度，也是其外在尺度。在评价的过程中，价值尺度判断和真理尺度判断是相辅相成、辩证统一的。

评价过程包括需求分析、事实认知和价值判断，三者共同构

---

①中共中央宣传部理论局：《马克思主义哲学十讲（党员干部读本）》，党建读物出版社2013年版，第140—148页。

成评价的三个基本步骤。需求分析是把握评价主体所需的特定价值；事实认知是获取评价客体的属性、状态方面的信息；价值判断是获取这些具有既定属性、状态的评价客体与评价主体所需的特定价值或目标之间联系的信息。

在此逻辑下，评价可分为三个层次。第一层是对主体需求的分析，即根据评价目的，对评价主体的需求进行层层分解，综合客体的客观属性，选取评价要素，建立评价标准。比如，根据主体的需求，结合客观规律建立各年龄段的生长发育标准。第二层是对事实的判断，即判断所获取的关于评价客体的信息是否与事物本身一致，也就是"对不对"的评价，这是最为本质的评价。比如，对某人进行身高测量，测出来的数据是否符合事实。第三个层次是价值判断，即判断评价客体的信息与特定的主体需求之间的满足程度，也就是"好不好"的评价。比如，将某人的身高体重与某一年龄的生长发育标准进行对比，就能看出其是否发育正常，判断出其价值。

（二）反馈

反馈是控制论和系统论中一个重要的概念，它是控制过程中必不可少的组成部分。反馈是指将输出的结果反送到输入端，为调整系统的决策提供信息。在执行计划时，反馈可以协助监视系统行为，确定系统输出的结果与期望的差距。以运动员射箭为例，每射出一箭，都要了解本箭偏离靶心的信息，据此调整下一次射箭力度、方向，使之越来越准确地命中目标。比较封闭的系统可以根据反馈进行自动调节，如汽车的自动驾驶系统根据路况自动调整速度和方向。在比较开放的系统里，需相关人员接收到反馈后根据需要开展相应行动。

在组织行为学领域，控制论的相关方法已得到广泛应用，如管理心理学中的组织控制模型的核心思想是反馈控制。同样，组织中的个体控制也离不开反馈。研究普遍认为反馈能够帮助个体调整自我直觉、自我评价和行为，使个体朝向预定的目标前进。

学者们根据不同的分类标准将反馈进行了维度划分，如表6—1所示。

表6—1 反馈的类别[①]

学者	分类依据	分类结果
Oldham 等 （1996）	反馈效价	正反馈：对个体行为或绩效表示认可、肯定、支持的积极评价
		负反馈：挫折性反馈，该反馈意味着个体或团队行为、结果未达到组织标准
Barron 等 （1981）	反馈动因	内部反馈：个体对自身在工作、学习中的绩效进行自我认知和评价过程
		外部反馈：由处于外部环境的其他个体（如企业、上级、同事等）向反馈接收者提供的关于其在工作能力、整体绩效等方面的信息评价
Andiola 等 （2014）	反馈内容	能力反馈：针对个体能力，旨在向个体提供其在群体中能力高低的信息
		任务反馈：提供关于个体任务操作有关方面的信息活动，使个体产生对任务操作的调节过程

①张瑞可：《创新奖酬与创新绩效的关系研究：绩效反馈的调节作用》，南京邮电大学2020年硕士学位论文。

学者	分类依据	分类结果
Zhou等 （1999）	传递方式	信息型反馈：反馈传递中注重对个体工作的改进建议等信息内容
		控制型反馈：以压迫性、控制性的形式传递关于个体行为或绩效的信息
Vander等 （2012）	反馈来源	上级反馈：反馈源为反馈接收者的直接或者间接上级
		同级反馈：反馈源为反馈接收者的同级
Dunca等 （2015）	反馈正式性	正式反馈：郑重的、书面的、程序化、规范化的反馈和回应
		非正式反馈：非标准化、非规范化反馈，指对反馈流程和内容未做严格要求而进行的局部说明和评价
刘文彬等 （2015）	反馈目的	评估型反馈：对反馈接收者目前的工作表现做出模式化、固定化的评价
		发展型反馈：为反馈接收者提出有利于完善自身知识储备、提升个人技能的评估和建议，旨在开发其未来发展潜能

二、评价反馈体系框架

评价反馈是指评价主体根据其需求对客体属性进行价值判断，得出客体的整体水平或功能的量化描述，揭示其价值或发展规律，并采用合适的传递策略将价值判断结果及改进措施动态反馈至评价主体和客体，为主体和客体洞察现状、预见未来、实施下一步决策提供信息支撑。评价反馈告诉主体和客体要去哪里，即目标是什么；现在在哪里，即已取得了哪些进展，与目标的差距有多大；如何到达目的地，即为了取得更大的进展，要采取哪些行动。

评价反馈体系是一个动态的系统，主体根据评价结果反馈把握客体的客观属性并调整期望，客体根据评价结果反馈了解主体的主观需求并调整产出，最终使得产出与期望趋于一致，达到动态平衡。评价反馈体系的构成要素主要有评价主体、评价客体、评价标准、评价方法和评价结果反馈。这些要素间相互关联、相互作用，形成了一个完整的系统。评价反馈体系框架如图6—1所示，该框架展现各要素间的逻辑及相互作用关系。

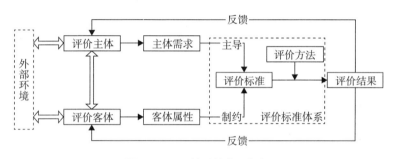

图6—1 评价反馈体系框架

评价的双方称为评价主体和评价客体，评价主体根据自身的需求和客体属性之间的价值关系开展评价。评价标准是评价主体衡量客体有无价值及价值大小的尺度或依据，包含评价指标体系和评价规则。评价标准由主体需求主导，受客体属性制约。评价方法是评价主体连接评价标准和评价客体的纽带，通过科学的评价方法有机地开展评价，得出合理的评价结果。评价标准和评价方法构成评价标准体系。评价反馈是指采用合适的传递策略将有效的评价结果及改进措施动态反馈至评价主体和客体。评价主体和客体根据评价结果，不断归纳总结、提升改善、螺旋上升。外部环境包括社会、信息、知识、技术和环境等，它不作为系统要素，但对系统产生影响。

对评价主体而言，评价反馈可以加深其对客体现状的了解，便于做出对客体的判断、预测和选择，比如"大众点评"将诸多用户对商家的评价汇总形成评价结果，并反馈给用户，供用户在挑选商家时进行决策。对评价客体而言，评价反馈促进客体向着主体期望的方向不断提升，比如开展用户对某产品的评价，形成评价结果反馈给产品厂家，厂家可以了解产品与用户需求间的差距，并向着用户需求的方向改进，生产出满足用户需求的产品。

第二节
评价反馈体系的设计原则

一、以评价反馈构成价值共创闭环

传统的经营思考始于"价值是由企业创造的"这一假设，传统企业战略的基本逻辑是：在相对稳定的环境下，遵循清晰的产业边界，利用企业独特的资源以及核心竞争优势，获得战略上的主动权。在此逻辑下，企业通过综合考虑行业的结构和利润率（外部因素）及自身的资源和能力（内部因素），得出价值创造（产品）的空间及方向。企业所做的价值创造是在封闭的体系内完成的，价值创造的过程与用户分离，用户是产品的被动接受者，也不参与到产品的评价反馈流程中，从企业到用户的价值链条是单向的，如图6—2所示。

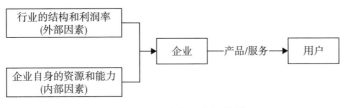

图6—2 传统企业的价值链

传统的经营假设把用户和企业割裂开来，企业不了解用户真正的需求和偏好，因而在企业推出新产品时，可能会出现销售人员费尽心思向用户推销，但用户却不一定买账的情况。最终结果是形成企业失去用户、产品囤积、发展受阻的恶性循环。

时代的发展打破了不同行业的藩篱，行业边界越来越模糊。资源和能力在不同企业之间的流动也越来越频繁，依靠在某一行业内资源和能力的垄断优势来获得竞争优势的传统理论，受到了极大挑战。在这种情况下，用户成了不断变化的环境中相对可控的要素。因此，解放用户的经营假设的核心是价值共创理论，即价值是由用户和企业共同创造的，用户的评价被拉进企业价值创造的过程，用户的需求是企业产品需求的来源，用户对产品的评价反馈是构成价值共创闭环的重要组成部分。通过用户的评价反馈，企业才能了解产品与用户需求间的差距，充分利用用户评价与反馈指导产品优化迭代与服务流程改进，实现企业与用户的价值共创，如图6—3所示。

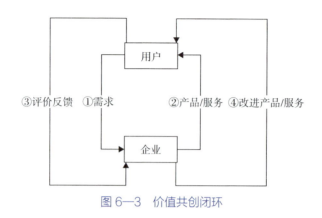

图 6—3　价值共创闭环

　　评价反馈不仅可以促进企业向着用户需求的方向改进与完善，而且在对用户的评价反馈响应后，主动发布响应结果，可以提升服务效率与用户体验，加强企业与用户的关系。此外，对当下的用户而言，评价反馈也是帮助其决策的重要依据。社交媒体打破了地理和人群的界限，使人们互联互通，用户对待品牌市场营销的态度愈发谨慎，更多地依赖朋友、家人、意见领袖对品牌的意见，通过综合线上、线下两种渠道的评价反馈，支撑自己的购买决策，实现自身的价值。

二、以用户评价反馈作为企业评价的起点和终点

　　传统的企业追求"战胜对手"和"获得利益"，求"赢"和求"利"的评价起始于企业内部，以企业自身为评价主体，实现自我评价、自我约束和自我调整，其评价目的、评价要素选择的主要切入点是不断增强自身实力、获得更高经营业绩。评价流程是按评价目的将评价客体分解为多个评价模块，再解构出多项评价指

标并赋以权重，开展内部评价后找出各方问题，形成评价结果，如图6—4所示。

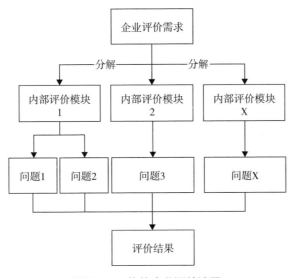

图6—4　传统企业评价流程

　　传统的企业自我评价有其局限性，容易形成思维定式，侧重于经营效益，忽略外部环境的变化，评价内容跟不上新的用户需求；还可能主动或被动地隐藏自身缺陷，导致评价的客观性不足，无法真实反映企业的情况。此外，传统企业评价的反馈机制一般不够健全，生成评价结果即已结束，不再跟进评价后的改善，并未形成评价闭环。

　　解放用户的活动是以用户需求为导向的，意味着企业的一切决策和行为必须基于对用户需求的准确捕捉和透彻了解。用户需求被满足的程度并不是靠企业主观臆想出来的，而是由用户自身的体验决定的。因此，解放用户的最高裁决者和最终评判者是用户，解放用户的评价反馈体系的逻辑起点是用户对企业的评价。

当用户的评价反馈输入企业后，企业需要对用户的评价进行层层深入的分解剖析，拉动组织层和生态层的评价。组织内部各部门、组织与生态之间也存在业务的支撑与服务关系，所以组织内部和生态的评价也应当以内部用户为主体对提供服务的支撑部门开展评价。

在解放用户的评价反馈体系中，企业需挖掘用户的功能价值评价、情感价值评价及社会价值评价与内部管理间的关系，对应开展组织内部的物力要素、人力要素和文化要素的评价；评价过程中出现与外部生态关联的点，再对应开展生态伙伴体系的结构与实力、协作与成长以及价值取向的评价（见图6—5），并以此判断组织和生态的各项能力能否支撑用户需求，找出不满足用户需求的根本问题并持续优化改进。产品优化完成后，企业再根据用户对新产品的评价反馈不断改善、螺旋上升，使得用户的需求得到更高层次的满足，达到用户需求与企业服务的动态平衡，这同时也是解放用户评价的终点，如图6—6所示。

三、以满足用户需求作为评价的核心标准

传统的企业评价标准分为两类：一是行业标准，二是历史标准。行业标准又称社会标准，是指以同一时期内评价客体所属行业的数据作为评价标准，将评价客体置于更广泛的范围内横向比较，可以进一步分为平均水平标准、先进水平标准或相似水平标

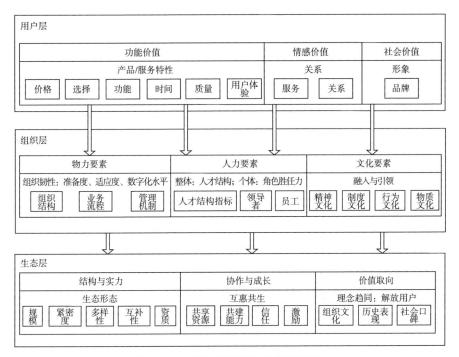

图6—5　评价反馈层级分解示意图

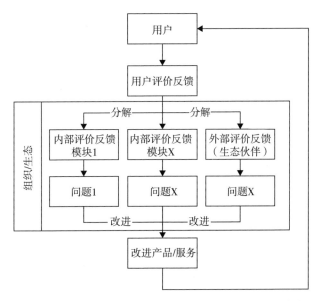

图6—6　以用户评价反馈为逻辑起点和终点的企业评价流程

准（规模体量、外部环境等相似）。行业对标具有较大的局限性，即使能够找到行业内最好的企业作为标杆，并模仿其经营管理模式，不断改善自身的不足，也仍有可能无法在短时间内找到行业内有突破性发展的核心能力。历史标准是指以评价客体过往时期的指标数据作为衡量尺度。这是一种自身最优的评价方法，进行自身的纵向比较，看到自身的发展趋势，可以进一步分为前期水平标准（如去年同期）、历史最好水平标准或历史平均水平标准等。历史标准的局限性在于评价结果缺乏外部的可比性，不能体现用户或行业的声音，多为企业自行测评使用。这两类评价标准主要是基于行业水平或企业自身的资源、能力进行设置。

全球化竞争的加剧、行业边界的模糊化等一系列挑战，使得企业的绩效不仅仅由企业内部因素决定，围绕在企业外部的因素也对组织绩效产生了不可忽视的影响，如不断变化的用户需求、全新的技术、不确定的环境、跨界的对手以及合作的伙伴等。今天令很多管理者无所适从的是，虽然已经尽力做好了企业内部的管理，超越了历史的自己，超越了周围的同行，但是依然无法摆脱被淘汰的可能性。

虽然企业受外部诸多因素的影响，但是满足用户的需求既是企业的使命，也是企业的目的，是企业可持续发展的唯一方向。用户需求在价值关系和价值生成中起主导和决定作用，是评价标准的内在尺度。因此，解放用户的评价标准只有一个核心，即是否满足用户需求。

满足用户需求的评价标准进一步可分解为：产品是否更契合用户需求，使得用户与企业紧密联系、无法离开；组织是否更加富有韧性，经得起多变市场的震荡并能够寻求机会突破；生态是否更加融合而具有多利性，使得每个环节的参与者都愿意合作，共同为产品和服务付出；整个价值共创体系能否把所处环境中的各种资源集合到为用户创造价值的方向上，凝结更广泛的智慧，形成强大的合力，最终实现高水平的协同发展。

第三节
评价反馈体系构成

一、评价内容及标准

解放用户评价反馈体系以用户需求为导向，通过用户价值评价拉动后续评价，从用户层到组织层再到生态层，深入剖析、找出问题、持续改进。因此，其评价内容相应地分为用户价值评价、组织能力评价和生态伙伴评价三个方面。

评价标准体系的构建流程包括指标体系构建、指标权重选取、评价规则制定和评价方法选取。

首先，根据评价对象的特征将评价内容分解为不同的评价维度，邀请专家按维度选取典型指标。评价指标的选取应遵循如下原则：指标体系能够涵盖评价对象的各层次的各个方面，全面地揭示评价对象各个层次的组成要素，具有完备性；指标体系能够符合事物的客观规律，反映评价对象的规律和特点，具有科学性；测评指标各层次之间有清晰合理的逻辑结构，综合反映评价对象各组成部分及其相互作用的方式、强度和方向等内容，具有系统性；指标体系要在最大程度上准确反映评价客体的重要基本特征，评价结果要有高度的可靠性和参考意义，具有典型性；指标体系能够符合企业现代化管理的需要，代表企业管理的发展方向，具有前瞻性；从实践的角度设置指标体系，既要全面准确地反映评价的要求，又要简单有效、可操作性强，方便信息的收集和整理等，具有可操作性。

其次，通过科学的方法对指标进行赋权，具体方法包括两类。第一类是依靠专家经验的主观赋权法。该类方法在确定权重的过程中主要依靠专家经验，蕴含了专家的隐性知识，受不同专家的主观差异影响较大，且当指标数量过多时，计算过程较为繁琐，包括层次分析法、德尔菲法、模糊综合评价法等。第二类是利用各指标数据所包含的信息，以客观数据为基础计算指标间的影响力及关系，确定指标权重的客观赋权法。客观赋权法规避了主观赋权法过度依赖专家经验、主观性太强的不足，包括熵权法、主成分分析法、变异系数法、离差最大化法、灰色评价法、人工神经网络分析方法等。

最后，以评价的目的和原则为导向，基于评价主体的需求和客体自身的属性，对各个指标制定合理的评价规则，并选取对应的评价方法，最终形成评价标准体系。

典型的评价标准体系包括多级评价内容（评价指标或要素）、指标权重、评价规则和评价方法。按评价方法，可以分为定性评价和定量评价。定性评价标准体系如人才评价标准体系节选示例，见表6—2；定量评价标准体系如"供电服务能力"评价指标体系节选示例[1]，见表6—3。

表6—2　人才评价标准体系节选示例（定性评价）

维度	模块	一级评价要素	二级评价要素	评价要点	评价规则	评价方法
公共	公共技能（权重）	专业指导监督能力（权重）	法规、标准解读和宣贯能力（权重）	对本专业相关的国家法规、行业标准、公司制度、方案方针、工作标准等进行宣贯及解释。	能够得X分掌握得X分熟练得X分精通得X分	笔试/工作实例答辩/公文筐测试
			工作实施监督能力（权重）	采用流程控制、指标管理、趋势分析、问题总结等方法和手段，督办任务执行，对专业工作实施质量监控。	能够得X分掌握得X分熟练得X分精通得X分	笔试/工作实例答辩/公文筐测试

表6—3　"供电服务能力"评价标准体系节选示例（定量评价）

一级指标	二级指标	三级指标	评价规则	评价方法
供电服务绩效评价标准体系	供电可靠性（权重）	电压合格率（权重）	城镇居民≥96%，农村居民≥95%，得100分；每降低0.1%，扣1分。	量化评价
		供电可靠率（权重）	城镇居民≥99.8%，农村居民≥99.4%，得100分；每降低0.1%，扣1分。	量化评价
		计划检修停电通知（权重）	提前7天向社会公告，并通知重要客户，得100分；每违反一次，扣1分。	量化评价

[1]周文瑜：《供电服务质量综合评价理论与实证研究》，华北电力大学2009年博士学位论文。

（一）用户价值评价内容及标准

用户价值是用户通过产品和服务获得的综合效用，既包括物质层面的价值，如产品或服务本身的功能、质量；也包括非物质层面的价值，如产品或服务附加的获得感、认同感等。用户价值评价从用户获得的功能价值、情感价值和社会价值这三个方面展开。

功能价值评价是指对产品/服务的感知质量或期望功效能否满足自己需求而产生的评价。对用户而言，产品/服务的功能价值评价一般从价格经济性、选择多样性、功能适用性、流程便捷性、质量可靠性和用户体验良好性几个方面开展。

情感价值评价是指对产品/服务使用过程中的感觉和情感状态所得到的效用开展评价。情感价值评价是企业与用户关系的反映。对用户而言，产品/服务的情感价值评价一般从其获得的服务质量及其与企业的关系等方面开展，具体表现为企业带给用户的新鲜感、愉悦感、获得感等。

社会价值评价是用户在消费过程中，对产品/服务是否能满足自己的更高层次的需求，能否展现自己的个性，获得社会认同感和成就感，以及企业是否对社会产生积极影响的评价。社会价值评价主要从企业品牌带给用户的社会感受方面开展。

用户对用户价值的评价是以是否满足其需求为标准的。用户根据自己的感受对产品/服务的不同维度作出价值判断，并根据自己的需求对用户价值的不同维度赋以权重，综合各维度的价值形成自己的评价结果，见式（6—1）。

用户价值评价$_{总体}$＝$\sum$（用户需求权重$_{维度}$×用户感受到的价值$_{维度}$）（6—1）

例如，用户买了一盒月饼，对它的感受是包装精美、口味普通（用户对不同维度的价值评价）。用户对口味要求较高，但并不需要精美包装。于是，用户赋予"好味道"较高的权重，赋予"好包装"较低的权重（用户的评价标准），在对月饼进行评价后，最终判定这盒月饼的价值较低（用户的价值评价结果）。

用户对产品/服务的满意度取决于用户感受到的价值与期望价值间的落差，如图6—7所示。如果落差较小或感受到的价值超过预期，用户就会感到满意，反之则会不满意。因此，企业需要以用户偏好为导向，不断提升用户感受到的功能价值、情感价值和社会价值。

图6—7　用户价值期望落差

用户价值评价除了与价值期望落差有关，还与用户成本有关。用户价值是用户获得的总价值减去用户总成本后剩余的价值，如图6—8所示。用户价值越大，用户评价越高。从全社会的角度看，不断提升用户价值有利于社会价值的增长，促进社会的发展。根据图6—8，可以看出提升用户价值的方法除了提升产品/

服务的功能价值、情感价值和社会价值外，还可以通过降低用户的货币成本、时间成本、体力成本和精神成本实现。

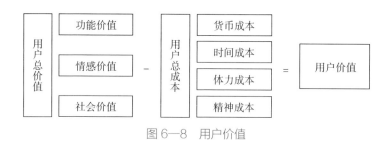

图6—8　用户价值

（二）组织能力评价内容及标准

组织能力包括支撑组织应对变化、顺利运转、生产出满足用户需求的产品的人力要素、物力要素，以及渗透、影响整个组织的文化要素。相应地，组织能力的评价也从这几个方面开展。当用户价值评价输入组织内部后，需要开展用户评价中问题的统计与分析，从组织的人力要素、物力要素和文化要素等方面挖掘未满足用户需求的原因，并寻求措施以改进。

人力要素是指组织的人力资源，是组织开展一切生产活动的主体，是组织的软性要素。对人力的评价分为对整体的评价和对个体的评价。对整体的评价是指组织的人才规划战略是否紧贴为用户创造价值的战略情境与业务场景，人才结构是否合理，能否做到各层次各类人才齐全、协调发展、有效互补、满足组织应对多变环境的需要，具体涉及专业结构、人才当量密度、劳动生产率、学历结构等方面。对个体的评价是指个体（领导者、员工）

是否具有在特定角色、组织环境和文化氛围中产生优异成绩的能力，称为角色胜任力评价，可以从其知识、技能、关系资源和责任感等方面开展评价。角色胜任力的评价，体现了对个体当下绩效和发展潜能的评价。个体评价标准要满足三个特征：一是与角色和任务场景紧密联系，具有动态性；二是能够将绩效优异者与绩效平平者区分开来，具有可区分性；三是与工作绩效有密切的关系，可以预测员工个体的工作绩效。

物力要素以组织结构、业务流程和管理机制为核心，是组织的硬性元素，也是组织能力发挥的不可或缺的载体。由于组织的各项活动是相互关联、互相支撑的，因此物力的评价可以以组织的韧性作为切入点来开展。评价组织结构、流程、机制的设置是否能快速协同各方、应对环境的变化和响应用户需求，具体分为组织为了响应外界变化的准备度评价和适应度评价，以及支撑组织准备度和适应度的数字化水平评价。准备度评价主要评价组织快速应变的准备情况，涉及战略管理、风险管理等；适应度评价主要评价组织的协同效率；数字化水平评价主要评价组织的数据应用能力和数字化管理能力。

准备度评价标准包括组织的战略是否具备快速响应用户需求的前瞻性，以及对于快速的变化是否制定了相应的风控措施，经得起多变市场的震荡。适应度评价标准主要是判断组织运行中的四类核心活动的协同效果：一是能否实现增值性活动中市场营销、集成产品开发和集成供应链的协同，快速响应多样化的用户需求，实现用户价值；二是能否实现要素性活动的协同，提升资源优化配置效率，打通组织的信息流、数据流，做到业务随需定制、多端使用；三是能否实现牵引性活动的协同，将战略融入管理，牵引各项活动向组织的发展方向前进；四是能否实现支持性活动的协同，提升常规性管理活动效能，促进各项管理活动的连接融合。数字化水平的评价标准主要是企业能否通过数据的灵活应用，加强对用户需求、企业自身及外部环境的状态感知，提高管理的洞察力；能否通过数字化管理对企业内部的架构、流程等进行有效变革和优化，提升企业的协同效率和应对外部风险能力。

文化要素是以精神理念的形式存在的意识元素，主要指组织文化和价值观。文化代表组织及其成员特征的、具有持续性的一套价值观、信念和思维方式，是组织内所有规则以及行为模式的总称。解放用户的组织文化评价标准主要是判断"为用户创造价值"的理念是否融入到组织的方方面面并起到引领作用，具体可以从四个层面开展评价：精神文化层面、制度文化层面、行为文化层面和物质文化层面。

精神文化是企业文化的内核，对它的评价可以从企业精神、经营哲学和价值观三个方面开展。制度文化是人与物、人与企业运营的结合部分，对它的评价可从企业组织架构和企业管理制度两方面开展。行为文化是指员工在企业经营、人际关系活动、教育宣传、文娱体育活动中产生的文化现象，对它的评价可以从经营行为、员工行为以及企业公益三个方面开展。物质文化是指由员工创造的产品以及企业内各种物质设施构成的器物文化，对它的评价可以从产品、科技和环境三个方面开展。

根据用户的评价拉动组织内部开展对人力要素、物力要素和文化要素等不同维度的价值判断，并通过组织能力评价标准体系综合各维度的价值评价形成组织能力的评价结果，见式（6—2）。

$$组织能力评价_{总体}=\sum（要素权重_{维度}×要素价值_{维度}）\tag{6—2}$$

（三）生态伙伴评价内容及标准

在生态伙伴体系中，成员间通过各种经济行为和社会关系相联，分享资源、信息，协同开展工作，共创价值。因此，对生态伙伴体系的评价可以从其结构与实力、协作与成长和价值取向三个方面开展。用户价值评价输入组织后，组织对应开展组织能力评价，当发现价值创造过程中有借助外部的力量补全自身能力短板时，则需要开展生态伙伴体系评价，挖掘生态伙伴与用户价值及组织能力之间的关联关系，解决与生态伙伴协作的痛点、堵点，提升生态为用户创造价值的能力。

一是生态伙伴体系的结构与实力评价，即从宏观的角度评价生态形态。具体而言，评价内容为与企业相关联的生态的规模、伙伴间联系紧密度、伙伴的多样性、伙伴间的互补性以及伙伴自身的能力资质等整体性指标，要求伙伴所具备的知识、技能、资源等价值创造能力组合能满足用户价值的需要，综合体现了生态响应用户需求的资源和实力。

二是生态伙伴体系的协作与成长的评价，即对生态伙伴间互惠共生的程度开展评价。具体而言，互惠共生包括伙伴间融合运作的效率和伙伴能力与价值的成长。融合运作的效率可以通过伙伴间的信任程度、信息与资源的共享程度以及技术、流程标准是否一致等来判断，融合运作效率的提升能促进伙伴协作，降低内部交易成本，促进生态发挥更大的作用。伙伴能力与价值的成长可以通过伙伴间的能力共建和价值激励来判断，能力共建评价主要是评价在为用户创造价值的合作过程中，伙伴间是否相互学习、创新创效并形成的能力提升；价值激励评价主要是评价能否给成员带来持续的不断增值的价值，包括利益的分配是否合理，是否以长远利益为导向，激励约束机制是否满足公平、明确、及时、奖惩分明的特点。伙伴能力与价值的成长能够加深伙伴对生态的依赖及融合，使得每个环节的参与者都愿意合作，共同为产品和服务付出。

三是生态伙伴体系的价值取向评价，即评价生态伙伴的文化理念是否围绕"为用户创造价值"构建并能持续践行。生态伙伴的价值取向体现在组织文化和行为方式上。组织文化可以从其品牌形象、核心价值观等方面进行评价；行为方式可以通过既往合作的交互情况以及社会口碑进行评价。价值取向的评价是影响长期合作策略的重要参考，解放用户的价值取向趋同有利于加强伙伴间的信任，并提升生态伙伴体系长期为用户创造价值的能力。

生态伙伴体系的核心评价标准是每个环节的参与者是否能协

同一致，把各种资源投入为创造用户价值的工作中，凝结成更集体和更广泛的智慧，形成强大的合力，最终实现高水平发展。以用户需求为导向，通过对生态伙伴的基本实力、协同效率、成长空间以及价值取向等方面的评价，企业可以将生态伙伴分类分级，以便指导企业与生态伙伴的合作策略及核心关系的维护。

根据用户的评价拉动企业开展对生态伙伴体系结构与实力、协作与成长和价值取向等不同维度的评价，并通过生态伙伴评价标准体系综合各维度的要素价值形成生态伙伴体系的评价结果，见式（6—3）。

$$\text{生态伙伴体系评价}_{总体} = \sum \left(\text{要素权重}_{维度} \times \text{要素价值}_{维度} \right) \qquad (6—3)$$

二、评价方法

（一）定性评价与定量评价

评价方法是评价主体连接评价标准和评价客体的纽带，是将评价标准应用于评价客体以得出合理的评价结果的各种科学方法的总称。评价方法可以分为定性评价、定量评价，以及综合定性评价和定量评价的综合评价法。由于企业是个多层次的复杂系统，受多种因素的影响，任何单一因素都难以对其做出较为准确的评价，所以目前企业评价基本都采用综合评价方法。

定性评价是指不采用数学的方法，根据评价主体的经验和知识，对评价客体表现出的性质和状态，经过观察与分析，形成价值判断，如判断好坏、评出等级、打出分数等。定性评价紧密地与评价主体自身的能力水平联系在一起，定性评价标准蕴含着评价主体的隐性心理标准。隐性心理标准是以评价主体的行业为基础，包含着评价主体的专业知识、职业素养、时代背景等因素，具有个体差异的、模糊的社会心理标准。定性评价主要包括德尔菲法、同行评议、案例分析法、定性调查研究法等。

基于个人主观价值判断的定性评价方法在具体实施过程中存在许多问题，如人情干扰、专家争议、权威影响等。这些问题都体现了一个核心矛盾，即人的主观价值判断与定性评价的客观公正之间的矛盾。

为解决这一矛盾，国内外学者在制度改进和评价专家的选、用、育、留等方面做了许多努力，提出许多改进措施。一是在制度与流程改进方面，将量化方法引入定性评价，构建全面合理的定性指标体系，以客观的量化评分或等级替代主观评语，不断细化评价内容，形成清晰明确的评价标准，降低评价的主观性；增加线上评审渠道，构建基于社交网络的评价平台，促进定性评价的在线交流、实时反馈和及时公开。二是在评价专家的选取方面，建立完善的选取机制和专家评价体系，以保证行业或领域的认同感，级别越高、影响越大的候选评价专家，就需要越严格的制度来选拔，不仅要对其专业水平进行评估，还要对其道德、资历、态度、参与度等进行评估。三是在评价专家的使用方面，建设数字化的评价专家信息管理平台，存储评价专家的基本信息，如专业、资历、特长等；

对专家参与评价活动的表现进行动态跟踪记录，如其中立性、参与度、前沿认知情况等，建立专家的工作情况反馈机制并作为下一次抽调的参考；利用管理平台实现根据不同评价需求推荐合适的评价专家，减轻人力选取专家的局限性和工作量。四是在评价专家的培育方面，构建评价专家培训体系，对评价专家开展评价理论知识、测评技术、测评流程等方面的培训，使专家不仅在业务领域成为专家，在评价领域也成为专家。五是在评价专家的留用方面，构建核心专家团队，对经过筛选、培训和使用的专家，选择其中优秀者形成稳定的核心团队，成为评价的中坚力量。

此外，采用第三方评价也是提升评价客观性的一种方式。第三方评价是指依托第三方机构的资源和专家力量，以专业化的水准和规范化的操作，对评价对象实施评价。第三方评价的来源一般是企业对专项资质的需求或受上级单位的委托，因此其对评价客体的关注点是根据委托方的需求而定的。第三方评价根据其来源具有强制性、高效性；第三方机构独立于组织外部，确保了其不受任何非技术因素干扰，具有公正性；第三方机构的评价专家精通相关专业，有能力对评价对象做出公允的判断，具有专业性。第三方评价模式能够在一定程度上破除传统评价在资源配置、评价效能、成果运用等方面的局限性，作为传统评价有力、有效的辅助手段，可以满足组织更高质量、更高效率的管控需求。然而，第三方评价因为时间和精力限制容易忽略一些较隐蔽的问题。

定量评价方法指应用数学、统计学等方法来进行评价。定量评价一般以行业内的技术和质量规范为标准。定量评价的优点是避免了定性评价的主观性问题，评价标准规范，可操作性和可推广性强，有较强的可比性；其缺点是评价体系较为僵化，有一定的局限性，不像定性评价可能带来意料之外的信息，并且要求操作者要理解数字背后的含义、指标间的关联，要善于利用和解释数学模型。常见的定量评价方法有数理统计分析法、比率分析法、趋势分析法等。

评价要兼顾硬实力的评价和软实力的评价，不仅要注意指标的量化评价，也要评价蕴藏在指标背后的理念、方法和组织流程。定性评价和定量评价各有所长，在评价过程中单纯地依靠定量评价或定性评价都不能完全准确、客观地对评价客体本身做出评定，只有将二者结合起来的综合评价法才能更准确地反映评价客体对评价主体的价值。

在解放用户评价反馈体系中，针对不同的评价对象需采用不同的评价方法。例如，对品牌形象、组织文化、服务质量等无法量化的评价内容采用定性的方式开展评价；对产品价格、选择的多样性、服务的及时性、产品质量等可以量化的评价内容采用定量的方式开展评价；最后再将定性评价和定量评价的结果综合起来，形成最终的评价结果。

（二）评价数据获取渠道

根据评价方法的不同，评价数据的获取渠道也有所不同。对于定性评价而言，既有结构化的调查问卷、预设目标的访谈和观察，也有非结构化的自由访谈和观察，信息采集的方法比较丰富。数据是评价的基础，而多样化的数据获取渠道可能会带来意料之外的数据，给评价带来新的突破。定性评价方法将结构化评价方法和非结构化评价方法的优点结合在一起，使评价的信息更全面、更综合。

随着数字时代的到来，自然语言处理技术、文本挖掘技术、数据挖掘技术不断发展，利用计算机技术已经可以实现对文本、语音、视频等数据进行批量处理和深层次挖掘，如文本分类、文本情感分析和文本摘要等，帮助人们在海量的数据中提取所需信息，获取规范的量化结果，大量的数据分析处理已经不再是一个耗时耗力的任务。

计算机技术的发展同样带来了定量评价数据采集的新途径。在过去，由于数据获取与统计成本较高，定量评价是基于数据抽样进行的，利用典型样本来观察事物的全貌，管中窥豹。而现在大数据、云计算可以实现全量数据的快速处理，从基于小样本的评价转变为基于大数据的评价，带来更丰富的细节和更准确的结果，纵览全局。此外，计算机可以实现对数据的聚类分析、趋势预测、关联度分析等，可能会发现评价要素间潜在的联系，预测评价对象未来的发展趋势，使得评价发挥更大、更深刻的作用。

三、评价结果反馈

（一）评价结果反馈的作用

评价结果是评价活动的成果，是主体对于客体所具有的意义的表达。如果将得出评价结果作为评价的终点，不进行反馈跟进，则会失去评价的意义。评价结果对评价主体而言，能提供判断和决策的依据；对评价客体而言，能帮助其及时发现问题、解决问题，并提供前进方向的指引。当评价结果反馈至评价主体和客体并真正发挥作用、推动双方前进时，才能体现出评价的价值。因此，反馈是评价中必不可少的一个环节。

评价反馈有四个功能，具体包括判断功能、预测功能、选择功能、导向功能。对评价主体而言，评价反馈主要有判断功能、预测功能和选择功能；对评价客体而言，评价反馈主要有判断功能、预测功能和导向功能，见图6—9。导向功能在评价反馈活动中处于核心地位，评价的最终目的是引导客体满足主体的需求。

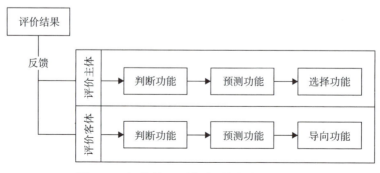

图6—9 评价结果反馈对评价主客体的功能

判断功能是指评价的主客体通过评价反馈了解目前客体处于什么状态；预测功能是指评价主客体根据客体的现状，推测出客体将来可能会向什么方向发展；选择功能是指评价主体基于评价结果对客体进行评价选择，合理分配自身投入评价客体的人力、物力和财力，优化资源配置，提升资源的合理利用；导向功能是指评价结果为客体指明了发展方向和路径参考，形成激励动力。

（二）有效反馈的方法

评价结果要通过有效的反馈才能发挥作用，只评价不反馈会失去评价的作用，无效的反馈甚至会引起负面作用。有效的评价反馈要找准管理短板和瓶颈问题，实现重点突破。根据用户的评价，结合企业实际，对企业各管理领域和生态协同情况开展全面系统的诊断工作，找出当前突出问题和薄弱环节，在深入调查、充分论证、客观评价的基础上，优选提升措施，制订整改方案，反馈给相关方并持续跟进，确保短板消缺和瓶颈突破。此外，有效反馈要满足准确客观、有针对性、有导向性、有激励性、及时快速和方式多样等要求。

一要准确反馈。发出反馈信息者和接收反馈信息者对信息的理解要完全一致，这是有效反馈的根本要求。要做到准确反馈，则所提供的反馈信息应该是明确而具体的，只有明确而具体的反馈信息，才有助于接收反馈信息者准确把握，并做出正确的、积极的反应。

二要开展有针对性的反馈。反馈的内容要根据反馈的目的、对象和环境的不同进行相应的调整，减少反馈过程中的噪声。比如，针对个体的反馈，反馈信息应具有个性化特征且具体可行；针对集体的反馈，反馈信息应具有普遍意义，尽可能使绝大多数评价对象都能够直接从中受益。

三要充分利用反馈的导向性。一方面强化、引导客体的正确行为，帮助客体的行为表现保持适当性与有效性；另一方面对偏离目标的行为起到一定的限制与规避作用，及时制止或纠正行为的偏差。

四要充分利用反馈的正向激励作用。对评价结果的处理要朝积极的方向引导，使之可以作为一种诱因，适当强化个体正向行为，不断扩大个体的正向优势，形成正反馈。

五要及时反馈。在目前信息传递通道不断丰富的前提下，信息交流平台的建立及评价结果的及时反馈，使具有一定时效性和价值的评价结果能及时发挥其应有的作用，并且越高效的反馈越能降低评价活动"暗箱操作"的可能性。

六要选择多样化的反馈方式。针对不同的对象、不同的环境，合理采用不同的反馈方式，以达到有效反馈的目的。从反馈形式来看，有口头反馈和书面反馈；从反馈内容来讲，有结论型反馈、问题型反馈、解决方案型反馈等；从信息来源看，有内部反馈和外部反馈；从反馈时间看，有及时反馈与延迟反馈等；从反馈对象看，有集体反馈和个体反馈等。

实践篇

　　解放用户是中国南方电网有限责任公司（以下简称"南方电网公司"或"公司"）践行党的初心使命、落实"以人民为中心"发展思想的关键举措，是适应新一轮能源技术革命和现代企业发展要求、推动生产性服务业向专业化和价值链高端延伸、生活性服务业向高品质和多样化升级的理性选择，是贯彻党中央重大决策部署、服务构建"以国内大循环为主体、国内国际双循环相互促进的新发展格局"的具体行动，是准确识变、科学应变、主动求变的必然结果。

　　第四次工业革命对能源电力行业带来深刻影响，用户需求呈现出多样化、多层次、高品质等显著特征，南方电网公司要把"以人民为中心"落到实处，就必须深刻认识人民群众对美好生活的向往已从"有没有"转向"好不好"，从进一步解放思想、解放和发展社会生产力、解放和增强社会创造活力出发，解除用户束缚，激发用户潜能，与用户共同创造价值，全面满足人民群众追求美好生活的能源电力需要，简而言之就是要"解放用户"。

　　现代供电服务体系是电网企业满足用户多样化用电

用能需求、适应现代企业发展规律以及应对新一轮能源革命的时代召唤。本篇注重理论与实践的结合，重点回答一个核心问题——南方电网公司如何用解放用户理念指导现代供电服务体系实践。公司通过解放用户理念和VOSA模型的融合，建设现代供电服务体系，推动公司价值创造水平迈进世界一流、引领产业现代化转型升级，充分体现解放用户理念的实践指导意义。

第七章
现代供电服务体系建设

南方电网公司属国务院国有资产监督管理委员会监管的中央企业，是关系国家能源安全和国民经济命脉的特大型国有重点骨干企业，全心全意为人民群众和广大用户做好电力服务，是一代又一代电力人长期不懈的价值追求和理念共识。公司于2002年12月29日正式挂牌成立并开始运作，供电区域为广东、广西、云南、贵州、海南五省区和港澳地区，公司业务覆盖南方五省区，并与香港、澳门地区以及东南亚国家的电网相联，供电面积100万平方公里。公司连续14年在国务院国资委经营业绩考核中位列A级，连续16年入围全球500强企业，目前位列第105位。

南方电网公司坚持政治统领，践行党的初心使命，认真落实"四个革命、一个合作"能源安全新战略，深入落实以人民为中心的发展思想，坚守人民立场，厚植人民情怀，大力解决发展不平衡不充分问题，把"人民电业为人民"的企业宗旨落实到企业改革发展的全过程各方面，深入推进公司"三商"（数字电网运营商、能源产业价值链整合商、能源生态系统服务商）转型战略，统筹推进现代供电服务体系建设工作。

现代供电服务体系建设遵循解放用户理念的理论基础和逻辑理路，以解放用户的VOSA模型为基础，紧紧围绕"用户价值创造、组织能力提升、生态伙伴共建、评价结果反馈"四个方面，通过构建前中后台业务架构，快速响应用户需求，建立市场化激励机制和协同共享机制，充分发挥企业平台优势，聚拢合作伙伴，构建能源生态圈等，为用户提供一揽子用电用能解决方案，并按照试点先行的方式，在广东电网公司、深圳供电局等试点单位探索创新，以点带面，逐步在实践中形成体系成果，不断满足人民追求美好生活的能源电力需要，推动改革发展成果更多、更好地惠及人民群众，不断增强人民群众的获得感、幸福感、安全感。

第一节
现代供电服务体系建设概况

一、现代供电服务体系建设背景

（一）满足用户多样化用电用能需求

国有企业是中国特色社会主义的重要物质基础和政治基础，是党执政兴国的重要支柱和依靠力量。中国共产党的初心和使命，是为中国人民谋幸福，为中华民族谋复兴。习近平总书记强调，人民对美好生活的向往就是我们的奋斗目标。这就需要电网企业紧密结合自身能源电力生产实践，把满足人民追求美好生活的能源电力需求作为奋斗目标。当前，用户用能需求向多元化、品质化延伸，能源结构、消费结构和科技水平的发展使能源消费者的认知发生了巨大的变化，从以往基础单一的用电需求延伸出多样化、个性化的服务需求，其主要聚焦在四个方面。一是服务优质化。公共事业的服务水平在近年来受到社会的广泛关注，公众要求持续提高用电用能质量，不断简化业务办理手续，提升用户服务水平，大力推动营商环境的优化。二是产品多元化。环保意识的成熟和消费水平的升级使消费者不再满足于单纯的用电业务，逐渐产生节能低碳、绿色能源和综合能源等多元化的产品需求。三是交互个性化。用户体验极大影响着用户满意度和品牌忠诚度，消费者对定制化服务和个性化体验有更高的期许。四是技术智能化。随着数字技术的成熟，以及智能家居、智慧能源等新业态的出现，享受智能化、数字化的技术体验成为数字时代下消费者的新需求。同时，在用户用电用能的过程中还存在着各种束缚。比如，能源服务效率问题导致办电"慢"的束缚，能源产品数量有限导致选择"少"的束缚，企业对经济性追求不够导致电价"贵"的束缚，停电、低电压等质量问题导致用电品质"差"的束缚。这些束缚既有长期存在的沉疴痼疾，也有改革过程中出现的新问题。在此背景下，电网企业践行初心使命，最直接最具体的措施就是运用解放用户理念，推动现代供电服务体系建设，大胆破除各种阻碍用户用电用能的束缚和桎梏，切实增强用户的获得感、幸福感和安全感。

（二）适应现代企业发展规律

更加突出用户的主体地位，是现代企业发展呈现出的共性特征。当下，企业内外部环境发生巨变，用户在更大范围、更深层次、更长时期影响着企业的日常经营和持续发展。从生产领域来看，不同于传统价值理论所认为的"企业是唯一的价值创造者，用户是纯粹的价值消耗者"，价值共创理论认为用户不是消极的购买者，用户通过与生产者互动参与价值创造过程，是价值的共同创造者。从消费领域来看，用户从弱势者转变为强势者，更加强调自身的价值主张，用户逐渐成为起支配作用的一方，生产者根据用户的意志来组织生产、提供产品，体现用户的价值和意愿。从营销领域来看，用户取代产品和市场成为主要驱动力，更加强调以用户为基础进行定制化营销，根据4R理论，企业通过反应快、关系忠、回报丰和关联密等形式与用户形成独特的关系，主动适应用户需求，以形成更大的竞争优势。从管理领域来看，用户成为企业价值共生的对象，从科学管理、人本管理、精益管理到最新的价值共创理论，企业不再把能否获利作为唯一判别标准，而是要通过优化组织体系、管理模式、业务流程和规章制度，营造共生多赢的局面，与用户实现价值共生。当前电网企业在用户服务、营销能力、价值整合、技术支撑等方面仍存在诸多问题，例如加快发展的责任感与紧迫感不足、激励机制仍不健全、研究市场和满足需求的能力不足、优质服务水平仍需提升等。总体来说，更加重视用户的主体地位，注重与用户的互动和联系，挖掘和满足用户需求，协同用户开展价值创造，已经成为企业成长的必经之路，这也让现代服务体系建设成为电网企业提升管理、建设世界一流企业的关键路径和必然选择。

（三）应对新一轮能源革命

当前，以"云大物移智链"等为代表的新技术与社会经济各领域深度融合，推动能源领域新业态、新产品和新模式不断涌现。在能源电力行业，分布式发电、综合能源利用技术不断成熟，大规模储能、超导等前沿技术孕育突破，能源电力用户需求正在向多元化演变，呈现出数字化、清洁化、个性化、便捷化、开放化等特征，用户对电能质量、用电体验提出了更高要求，以更加能动的方式深度参与并影响能源电力生产过程。能源供应商和用能用户之间的关系已经由单向变为双向、由双边变为多边，形成了新的互利共赢"能源产消共生系统"。当前电网企业面临的相关体制机制和政策环境仍需要推动完善、价值整合模式仍需建立健全。以上这些变化和存在的问题，要求电网企业积极运用新技术，重构企业与用户的服务模式，通过创新服务理念、管理机制、技术手段以及交互模式，推动解放用户，全面满足新一轮能源技术革命下用户的新期待、新需求。

二、现代供电服务体系架构

建设现代供电服务体系是解放用户VOSA模型的具体运用实践，遵循解放用户的基本逻辑，完善建立解放用户的用户价值体系、组织能力体系、生态伙伴体系和评价反馈体系，系统地回答解放用户"用户需要什么""我们自己怎么干""我们和别人怎么干"以及"干得怎么样"四大核心关键性问题。现代供电服务体系框架见图7—1。

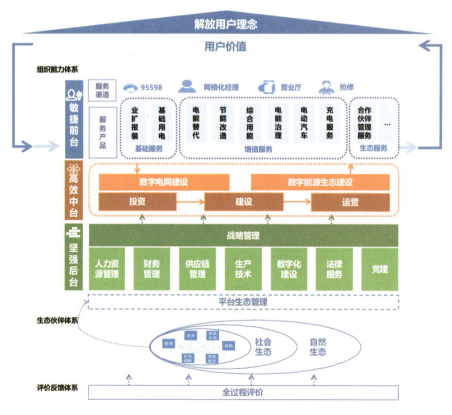

图7—1 现代供电服务体系的体系框架

（一）构建以用户需求为导向的用户价值体系

解放用户要求企业聚焦于人民美好生活需要和用户多元化、个性化的需求。建立解放用户的用户价值体系，要把用户需求作为出发点，始终紧密聚焦用户需求，形成与用户价值共创新模式，打造"基础性＋增值性"用电用能产品套餐，助力用户实现价值，回答解放用户"用户需要什么"的问题。

首先，通过科技手段广泛收集、深入分析用户用电用能数据和信息，建立多维度、多层级的用户分群和清晰化、具象化的用户画像，精准洞察用户需求，发现用户价值。其次，以基础电能服务为主，以增值服务为辅，两种服务相互促进，基础电能服务以安全、可靠、优质、经济的要求为基础，增值服务则依据各类用户群体的个性化需求和特点，有针对性地设计用电用能解决方案，提供有效可行的用电用能增值服务，提供多元化产品，创造用户价值。最后，持续加强服务用户意识，与用户进行良好互动，开展用户关系维护，不断提升供电服务水平，改善用户体验，提高用户满意度，最大化实现用户价值。

（二）打造为用户创造价值的组织能力体系

基于用户价值，现代供电服务体系组织能力体系的打造是以业务流程再造为基础、以现代组织架构为支撑、以文化体系建设为保障，搭建以用户需求驱动的前中后台模式，构建权责向一线倾斜的倒金字塔架构，建立为用户创造价值的文化体系，系统回答电网企业"自己怎么干"的问题。

首先，聚焦业务再造，搭建以用户需求驱动的前中后台模式。以"服务用户、获取市场"为导向建设敏捷前台，快速响应需求变化；以"资源共享、能力复用"为核心建设高效中台，提升运营中枢效率；以"系统支持、全面保障"为宗旨建设坚强后台，强化资源优化配置。其次，聚焦组织变革，构建权责向一线倾斜的倒金字塔架构。优化组织架构，界定前中后台职责界面，建立市场化激励机制，划小独立核算单元，搭建以市场为导向的多元化职业发展通道，建立协同共享机制，以业务驱动数字化转型，以共享促协调。最后，塑造文化内核，建立为用户创造价值的文化体系。在理想信念上，始终牢记"人民电业为人民"的企业宗旨，树立全心全意为人民服务的崇高理想，坚持用户至上、强化底线思维。在发展理念上，积极践行"新发展理念"，在治企理念上，加快推进治理体系和治理能力现代化。

（三）汇聚与用户价值共创的生态伙伴体系

按照共商共建共享的原则，以平台为支撑，建立开放型、创新型能源服务生态圈，持续推动打造数字电网技术研究、产学研合作、标准体系建设的创新高地，共同建立以用户价值为中心，以电网企业为支撑、社会各界广泛参与的解放用户统一战线，回答好解放用户"我们和别人要怎么干"的问题。

首先，面向生态伙伴构建用户服务平台。建设数字化前中后台体系架构，搭建用户、企业与生态伙伴的桥梁，为用户提供一揽子用电用能解决方案。其次，聚合生态伙伴打造能源系统生态圈。拓展增值服务，整合生态伙伴的服务能力，包络产业链，打造新兴业务产业集群，拓展能源产业价值链中高端服务。最后，共建生态秩序实现伙伴互惠共生。基于生态伙伴间信任与共享，合理分配资源，共享合作成果，实现互惠共生；培育共同价值观和行为规范，建立理念共识，沉淀品牌营销、舆情等多方数据帮助生态伙伴实现基于数据驱动的品牌运营。

（四）建立以解放用户为衡量的评价反馈体系

"解放用户"是电网企业落实以人民为中心发展思想的主动作为，遵循能源电力工业客观发展规律，不仅要实现自身设定的目标，更要经得起各方面的检验，最关键是要得到人民群众的肯定和支持，建立以解放用户为衡量的评价反馈体系回答解放用户"干得怎么样"的问题。

首先，确定用户的评价主体地位。以解放用户为衡量的评价反馈体系要把用户作为最高裁决者和最终评判者，始终聚焦用户获得感、安全感和幸福感，从用户的用电用能体验出发，判断组织和生态的各项能力能否支撑用户需求，突出用户在评价中的主体地位。其次，以用户价值评价拉动组织和生态的评价。通过用户对其所获得的功能价值、情感价值和社会价值的评价，挖掘

表 7—1　电网企业典型用户分群

用户类型			用户特征
C端	居民用户		平均用电量小，缺乏电力基础知识，季节用电差异大，注重实惠，对电价有一定敏感性
B端	商业用户	一般商业用户	昼夜用电差异较大，注重服务质量，对价格敏感
		大型商业用户	用电量大，更加偏重对成本的控制
	农业生产用户		用电量大，季节差异大，缺乏电力基础知识，价格敏感
	企业用户	一般工业企业	用电需求单纯，对用电信息尤其错峰实施敏感
		高耗能企业	负荷平缓，用电量大，电压等级高，电费占成本比例高
		高新技术企业	负荷平缓，对电能质量要求极高，对价格敏感度低
		园区	大用户聚集，用电规模大，开展集中服务有条件
P端	公用事业用户		用电量稳定，对业务办理效率要求高，不希望具体用电业务过于复杂

高端客户经理团队成为挖掘用户需求的"尖兵"

南方电网公司以建设高端客户经理服务体系为发力点，推进用电服务向现代服务业转型，向专业化和价值链高端延伸。2020年，公司在深圳试点公开招聘首批高端客户经理，选拔优秀员工组建成一支充满活力与战斗力的队伍，涵盖市场营销、变电运行、配网运维、安全监督等专业领域。区别于过去的客户经理或者营销服务人员，高端客户经理不再是提供传统服务产品的"销售员"，而是身处服务一线挖掘客户需求的"侦察员"。高端客户经理团队作为"前台"以及整个客服体系的"尖兵"，是企业转型中离客户服务和能源需求"枪炮声"最近的前哨。

高端客户经理通过精准"画像"实现对用户的个性化用电用能特征的充分把握。为充分了解、满足、解放用户个性化用电用能需求，高端客户经理团队通过需求分析、用户标签、用户细分等研究，为用户精准"画像"，完成了基于用户电话号码的标签体系设计；创新地开展了非在册用户画像分析，完成基于用户行为模式聚类的非在册用户特征描绘与标签构建。

高端客户经理通过行业调研实现对行业用户"真需求"的挖掘。为加强对行业用户用能需求的深入了解，高端客户经理团队分为5个专业小组，分别选定医疗、半导体高端制造业、工业园区、数据中心、学校机构5类行业用户开展行业用户调研分析，通过对关键用户的深入走访、蹲点及相关调查收资工作，分别从行业发展现状、用户用能需求及痛点分析、业务及服务产品改进、远景展望等方面，认真开展调研分析，深入挖掘用户的"真需求"。

> 公司充分发挥高端客户经理"尖兵"角色的作用，深入推进从表前到表后、从企业用户到行业用户、从普通服务到专属服务、从满足用电需求到用能需求的延伸，真正意义上做到有效洞察需求、满足需求、引领需求、创造需求，变革整套客服体系，为用户创造价值。

首批高端客户经理开展的用户画像以及行业用户分析等一系列的探索实践印证了洞察用户需求的重要性，只有更深入地掌握用户的"真需求"，才能不断优化电力营商环境，为用户提供称心如意的服务，真正让用户满意。一方面，深入了解用户可以促使企业研发出满足用户需求的增值服务新产品。销售价值的提高不是单纯地提高价格，而是在不断提升企业的产品研发、创新及整合能力的基础上，深入了解用户的痛点、堵点，根据用户需求快速定制和组合产品，全力满足用户个性化需求，最终实现用户价值的提升，并为企业找到新的利润增长点。另一方面，只有更深入地了解用户才能为增值服务新产品找到更广阔的市场。通过行业研究分析、用户定期拜访等，既可以发现用户需求的行业共性，又可以看到每个用户的个性需求；既关注到行业生态，又聚焦到用能服务领域。在对用户进行归纳分析的基础上，触类旁通，将适用于某个用户的产品或服务推广给同类用户并进行适当的个性化调整，增强产品推广的针对性，扩大产品市场。

二、打造多元产品创造用户价值

基础电能服务是电网企业的安身立命之本，也是电网企业所有用户最为核心的需求。对电能的管理是电网一切工作的基础与核心，但电能管理工作内容复杂、专业性强，基础电能服务以安全、可靠、优质、经济为要求，重点解决停电时间长、停电频繁、电压低等问题。其实现手段是以解放用户的理念实现服务渠道和服务流程的双重优化，不断提升用户体验。南方电网公司基于用户视角，梳理出基础服务共34项，其中业务办理22项，查询7项，用户服务5项，见表7—2。

表7—2　南方电网公司基础用电服务

序号	分类	业务名称
1	业务办理	高压用户新装、增减容
2		低压非居民新装、增减容
3		低压居民新装、增容
4	业务办理	大用户新装、增容
5		批量新装
6		统建新装
7		更名
8		过户
9		变更缴费账户
10		改类（主要包括改用电类别、最大需量、基本电费计算方式）
11		直驳用电

续　表

序号	分类	业务名称
12		非永久性减容
13		减容恢复
14		暂停
15		暂停恢复
16		暂换及暂换恢复
17	业务办理	移表
18		暂拆
19		暂拆恢复
20		终止用电（销户）
21		受电装置变更
22		临时用电延期
23		营业网点查询
24		用电日历
25		停电查询
26	查询	电价查询
27		工单查询
28		客户经理信息查询
29		用电营商环境政策
30		电费缴纳
31		停电报障
32	用户服务	在线客服
33		建议反馈
34		满意度评价

十大配网不停电全覆盖示范区

2020年，南方电网公司以实现区域用户不停电为目标，率先在广州、深圳、佛山、珠海、南宁、昆明、贵阳、遵义、海口、三亚等地区建立了十大配网不停电全覆盖示范区。十大示范区既有珠三角发达地区，也有中西部欠发达地区。示范区建设旨在扎实提升"获得电力"服务水平，推动供电可靠性相关管理理念、机制、举措、技术支撑体系成熟完善。

其中，配网不停电作业的推广应用在减少用户停电时间和次数方面取得了良好的成效。例如，广州供电局和深圳供电局提出计划停电检修"零感知区"和"用户停电零感知"理念，逐步推广发电车无感接入技术；佛山供电局提出构建"广义双电源"网架概念，全域推广应用主站与级差保护协同型自愈方案，强化配网故障自愈，自愈平均用时少于3分钟；昆明供电局城区试点区域已取消计划停电，正在开展示范区线路问题"微改造"梳理工作，进一步完善不停电作业检修资源配置；贵阳、遵义、海口和三亚供电局面对网架弱、底子薄的现状，汲取先进示范区的网架结构建设和不停电作业管理模式，积极加快示范区的配电网建设和改造，逐步减少停电时间和停电次数，实现更高品质供电。

> ## 51秒！深圳首例智能电网自愈成功
>
> 　　2020年4月，深圳盐田一小区10千伏供电设备发生故障，致某线路所涉用户全部停电。51秒后，盐田电网集中式自愈系统自动完成故障精准定位，下发指令遥控现场开关隔离故障，受影响用户全部恢复供电。本次复电用时1分钟以内，相较于传统人工复电平均时间缩短了98%。此次快速复电，是深圳供电局探索推广这项技术以来，首次无须人工干预，由系统全自动完成，充分证实了该技术在1分钟内完成配网线路故障自动定位与隔离、非故障区域转电的可行性，标志着深圳配网集中式自愈功能从建设阶段转入实用化阶段。

　　随着电力体制改革持续深化、提速，新业态、新模式不断涌现，行业可持续发展面临新挑战，电网企业需要探索建立面向市场竞争环境和互联网模式的新型用户服务体系，未来的趋势是"能源即服务"。南方电网公司深刻把握新时代社会主要矛盾的变化和能源电力行业的发展趋势，深化服务和商业模式创新，推动用电服务向现代生产性生活性服务业转型，向专业化和价值链高端延伸，向高品质和多样化升级，与用户共创价值。

　　电网企业的各类用户需求差异明显，故而要求电网企业因地制宜提供个性化的产品和服务。对居民用户（C端），以满足城乡居民的多样化电力需求和服务便携化需求为基础，打造智慧用电、智能家居产品套餐。对企业用户（B端），其中，高耗能企业以满足降能耗、减成本需求为基础，提供节能环保、能效管理产品套餐；高新技术企业以满足高电能质量和供电可靠性需求为基础，提供电能质量治理、运维托管和保供电产品套餐；园区集群用户以满足统筹管理需求为基础，提供工程服务解决方案、综合能源管理系统产品套餐。对公共组织用户（P端），以稳定、安全用电需求为基础，提供智慧运维、安全评估产品、电力数据分析产品套餐。

围绕办电咨询、业扩报装、用能管理机制优化、费用支付、售后服务五个阶段的电力用户生命周期，分析表7—1细分的居民用户、一般商业用户、大型商业用户、一般工业企业、高耗能企业、高新技术企业、园区、农业生产用户、公用事业用户共9类目标用户在每个阶段上各触点的核心诉求，提炼定制化的服务，如表7—3所示。

表7—3　目标用户可拓展的增值业务汇总表

办电咨询阶段	业扩报装阶段	用能管理优化阶段	费用支付阶段	售后服务阶段
多样化套餐一站式解决方案	工程代建、设备咨询代购、销售与建设运维服务、电动汽车充电、电动汽车租赁	安全用电、电磁厨房、智能家居、电工商城、保供电服务、电能质量治理、电能替代、节能服务、设备代维、智慧运维、新能源服务、数据服务、市场化售电、一站式能源服务	电费红包、电费贷、电费保	积分商城、生活商城、双创服务、会员服务

公司秉承"用户所见即前台"，服务用户用电用能全场景的理念，透过用户用电用能全生命周期挖掘用户潜在需求。深入分析用户办电、用电用能过程中遇到的痛点与堵点，开展个性化需求技术分析，专家团队对项目研判通过后，编制产品任务书并下达，从产品简介、目标客户群体、客户综合效益、商业模式、商业定价、风险管控、售前售中售后服务支持、产品服务案例及业务流程等方面着手设计产品方案，快速响应用户个性化需求。目前，已新研发完成了"考无忧""电厨宝""空调管家""电能宝""智慧运维2.0""绿色学校""空压机节能""渔保姆"等增值服务产品设计方案，增加用户的选择空间，为用户创造价值。

创新服务产品、服务模式供用户自主选择

代维保

即"代维＋设备保险"，在开展用户高压用电设备代维中，在不额外增加用户成本前提下，从原代维费用中按用户设备情况提取费用后进行投保，当用户设备产生故障修复等费用时由保险公司进行理赔。

在传统模式中，对于用户产权的高压设备，用户可以自行选择聘请有资质的电工或有资质的运维队伍对其高压电力设备进行运维，运维的内容一般包括但不限于安健环规范、巡视、

测温、局放测试、消缺、试验等。当这些设备发生故障后，用户一般需要消耗一些必要的时间来判定故障责任承担方，除了尚在质保期且明显的设备质量问题、设计或施工缺陷，或者找到明确当事人责任的外力破坏等，其余场景一般需要用户自行承担故障修复费用。对于自行承担费用的抢修，用户还要经过谁的报价更合理、谁的复电速度最快、谁的保障保修时间更久等谈判决策期。

"代维保"可免去用户设备故障后的费用，并大大节约用户复电等待的时间，实现了用户用电过程无忧，省钱、省时、省心。"代维保"可以在用户设备由于设计缺陷、设备质量、施工工艺、过负荷、误操作、水淹等各类故障发后，免去责任判定、价格合理、质量保障等环节，在用户代维期内提供赔付或更换故障设备的服务。用户在设备使用过程中，进一步减少了故障修复成本，缩短了复电时间，避免了代维服务商和用户之间对于维修定额标准认知不一导致用户抱怨等风险，实现多方受益。

电费保

即在"代维+设备保险"的基础上，基于惠州局近十年电费余额、核销电费和专变及以上用户容量等数据，打破以近似等价物抵押的电费担保思路，额外增加用户用小费用获得大金额电费担保的服务。

在传统模式中，按照有关规则，用户电费有主体担保时，可先用电再付费，最长可达50天的电费欠费免违约的赊销期。用户一般通过在银行存储冻结等价于电费金额的担保金或购买高价电费履约保函业务等获得电费担保。

"电费保"业务作为"代维＋设备保险"服务的进一步延伸，由设备代维服务商额外收取费用购买电费保函。当用户出现经营困境等无法缴付电费时，由代维服务商启动担保理赔流程，及时为用户缴清电费，并在约定期限内对用户进行电费催收，从而解决客户担保导致资金流冻结问题和电费违约风险等，同时也提升了央企电费回收抗风险能力。例如：某客户报装容量为1000kVA，如增加"电费保"服务，需额外增加500元/年即可获得约30万元/月电费的担保服务。

公司始终以用户需求为导向，不断创新服务产品、服务模式，并以示范作用带动全社会能源产业链各主体服务商的共同转型，为用户提供更多元、更个性化、更高质量、更经济的用电用能服务，促使"获得电力"服务水平的提升，将更多的电力体制改革红利引导到实体经济，为构建国际化、法制化、市场化的营商环境作出南网贡献。

三、主动触达实现用户价值

用户关系管理是企业建立和维持与用户关系的有效方法。用户关系管理不仅是纯粹的业务联系，还需要通过增加与用户的情感及社会互动来建立、培养和维护长期的伙伴关系。良好的用户关系可以减少企业获取用户需求的成本和难度，帮助企业以更好的方式为用户提供服务。

在当前的市场化环境下，各售电主体向用户提供与电力消费密切相关的各种增值服务。这就要求传统供电企业必须跟上新时代的脚步，主动挖掘用户需求，努力做好个性化服务和综合能源服务，深化营配末端融合，推进"网格化"主动服务措施，提升供电服务水平，不断提升用户满意度。

成立全国首个优化用电营商环境政企联席办公室

2020年11月，由南方电网公司与广州黄埔区、广州开发区联合组建的优化用电营商环境政企联席办公室正式挂牌成立。联席办公室按照政企合署办公模式设置，是全国首个以服务企业用电为中心的"政府—电网"协同机构。依托该办公室，政府和供电企业对标国际前沿水平，联合推出了十项改革措施，重点共享各类建设项目全周期各阶段审批信息，推动实现身份证明文件、不动产权证、工商营业执照等居民和企业证明信息互通互用，由供电企业提前获取用电需求，提前对接建设项目业主，提供全流程的用电服务，实现"用电报装零证办、平均7天就通电、审批不出区和接电零投资"。

主动触达用户，为产业园区建设提供"插电式服务"

在以往的产业园区建设场景中，用户广泛存在前期规划乱、报装流程长、管廊建设慢、道路迁改多、投资浪费严重、综合能效低下等突出问题。南方电网公司与相关政府部门开展党支部联建，了解用户痛点、难点，基于用户临电报装场景，采用统一规划、用电标准与临电租赁相结合、接入免审批、一站式综合能源服务等模式，协调打通各环节流程，创新升级临电共享服务，从单个项目服务升级为整个园区的集中开发，孵化出"插电式服务"。在园区土地平整阶段即企业尚未拿地进驻时，为园区土地平整提供临电租赁服务，在道路及地块周边提前部署、建设临时施工变压器。完成园区土地平整开发后，在园区用户进驻时，公司派驻前台客户经理驻点园区办公，随时对接用户需求。园区正式进入开发阶段时，企业即可选择"插电式服务"，快速接入前期已部署好的临电变压器，也实现了设备的重复利用。

在明珠湾工业园"插电式服务"下，广州南沙IFF国际金融论坛项目实现两天接入临电，缩短工期90天以上，与用户自行设计的方案相比，降低成本约60%。

"客户经理制"是南方电网公司为改善用户服务，帮助用户获得更优质的用电用能体验而设计的一项服务制度。客户经理是与用户沟通最直接的桥梁，能够直观、清晰、全面地掌握用户诉求，通常提供的服务内容包括业务咨询、业务办理、互动答疑等。在基础用电服务方面，用户如存在增容、报装等需求，可直接联系客户经理咨询，或选择全程代办服务，实现办理业务"一次都不跑"。在用能增值服务方面，用户可直接向客户经理提出自己的需求，客户经理结合用户的需求特点为用户提供解决方案和协助用户选择合适的产品，让客户"买得放心、用得安心"。通过"客户经理制"，能够加强用户互动，展示服务专业性，提升用户满意度，增强用户对公司品牌的认同感和用电获得感，塑造服务型品牌形象，为用户提供更加优质、高效、灵活的用电用能服务。

由于用户需求多种多样，公司为全力满足用户诉求、提供优质供电服务与差异化增值服务，设计"初、中、高"三级客户经理服务体系，采用差异化用户服务策略，对全体企业用户进行分群分类管理，各类用户均由相应的客户经理负责，为其提供"一对一""7×24小时"全天候专属贴心服务，当好"电保姆""电管家"，随时解答用户问题，统筹调度公司各类资源满足用户诉求，充分发挥专业、渠道、资源、组织等方面优势，为用户提供"一站式服务"和"一揽子解决方案"，全力满足用户多样化和个性化的用电用能需求。

第三节
组织能力体系的具体实践

一、搭建以用户需求驱动的前中后台模式

（一）以"服务用户、获取市场"为导向建设敏捷前台，快速响应需求变化

一要深化用户需求响应。完善用户需求管理，整合线上线下营业厅和网格化经理队伍等营销资源，多渠道分类别收集用户需求，全面掌握用户需求和行为模式，为用户提供"定制化"服务。二要加大产品推广力度。强化主动服务和营销意识，引入数字化营销手段，开展线上线下相互呼应、全渠道、个性化的能源服务产品交叉营销活动。三要强化用户关系管理。关注用户体验，开展用户服务全过程管理，持续改进产品和服务方式，根据区域用户特征、服务重点，设计差异化的用户服务标准与问题解决流程，及时满足用户需求。

> **试点构建"U+3+X"前台服务作战团队**
>
> 为建立有效识别市场需求、高效孵化创新产品、精准营销推广、极致用户体验的供电服务新体系，持续为用户创造价

值，南方电网公司对架构及业务组织方式进一步重构，在广州试点采用前台服务"U+3+X"作战团队。

"U"（You）代表"你"，表示全员服务，主要以业扩、用检、计量等营销人员为主，面向简单用电业务，实现全员营销。"3"即以项目为中心，形成面向用户的一线作战单元，以高级客户顾问、解决方案专家和供应商交付专家组成团队。高级客户顾问包括现代供电服务组的人员及客服中心大客户与新能源服务部人员，是整体交付与服务的第一责任人，作为用户需求的发起人来组建团队；解决方案专家为虚拟组织，为项目提供技术支撑，提供现场勘查、初步可研、技术顾问等服务，调动企业内外的技术力量；交付专家为供应商相关人员，提供交付方案并落实流程。"X"是难点突破，是针对典型重要项目，以"揭榜挂帅制"组建的柔性组织，根据项目难度配套岗位、薪酬等激励约束机制，并与员工发展挂钩。

（二）以"资源共享、能力复用"为核心建设高效中台，提升运营中枢效率

一是沉淀可共享业务场景至业务中台，实现灵活调用。整合停电抢修、用户服务等传统供电业务和电能质量治理、能效管理等增值业务，将业务中公共的、通用的、稳定的业务能力以标准化模式沉淀至业务中台，供不同业务调用。二是研发场景组合套

餐，轻松应对典型场景。将抄核收、故障报修、投诉处理、能效管理等业务沉淀形成的服务组件进行重组，形成场景组合套餐，简便快捷地响应典型需求。三是输出定制化解决方案，为用户提供定制化解决方案。不断完善与能力相适应、符合能源行业发展趋势和用户需求的增值服务产品体系，挖掘更多的业务价值，设计研发新的增值服务产品。

搭建"三合一"高效中台运作模式，快速响应用户需求

南方电网公司考虑可复制推广的综合体系建设，整合现有服务资源、人力资源、渠道资源，对供电服务中心组织架构进行调整，搭建业务中台、技术中台和数据中台"三合一"高效运作模式，快速响应用户需求。首先，打造业务中台，成立运营共享中心，负责现代供电服务体系业务运营、产品推广、服务评价三个模块。在业务运营方面，增设产品运营分部，结合基础及增值服务产品，负责营销基础业务开展的全过程监控和督办及增值服务产品运营、管控，实现资源共享能力复用；在产品推广方面，客户服务分部利用微信公众号、微博、政府平台等多方渠道实现产品推广触达；在服务评价方面，服务评价分部负责制定质量评价工作计划和任务，通过用户满意度评价、服务商评价、内部服务评价等多维度开展服务工作质量评

价。其次，打造技术中台，组建电网规划、生产技术、综合能源、电网基建、电力调度、信息技术等跨专业专家团队，负责产品研发，快速响应用户个性化需求。最后，打造数据中台，基于"南网在线"智慧营业厅统一服务入口，通过智慧运监营销服务平台及用户服务与运营后台实现数据支撑。

（三）以"系统支持、全面保障"为宗旨建设坚强后台，强化资源优化配置

开展运营策略设计及经营风险分析，坚持"战略引领、用户导向"，分析能源电力行业发展趋势和用户需求，研究并设计服务、商业和盈利模式。提高商业研究能力与大数据分析能力，基于运营数据常态化分析运营绩效，紧跟市场需求，及时调整和优化运营策略。开展人才培养与评价策划，转变思想认识，建立现代化的用户思维，开展营销服务、产品设计、管理工具运用等相关专业培训，培育具有市场意识的人才队伍。深化服务文化与服务品牌建设，持续提升"万家灯火　南网情深"的品牌形象。

产品管理与风险管控

南方电网公司为进一步加强增值服务产品和生态圈合作伙

伴及其产品的全过程管理和风险管控，建立了现代供电服务体验建设产品管理委员会。委员会成员由分管市场、产业、财务、法律、人资和信息等职能部门的负责人组成，重点对产品定价、生态圈合作企业选择、用户市场分析、商业模式分析、风险管控、数字化支撑等方面进行审查和评价。运作至今，已先后完成了与多家公司生态圈合作模式、产品推介以及利润分成方案的审定；根据前、中台工作需要，委员会不定期召开评审会议，分别从"市场需求、商业价值、电网优势、支撑能力、组织保障、风险管理"等维度对服务产品进行研究和评审。

二、构建权责向一线倾斜的倒金字塔架构

要持续优化组织架构，厘清职责界面，支撑用户价值的实现。首先，界定前中后台职责界面。基于重构后的业务流程，系统梳理并清晰界定前中后台职责，结合技术进步和数字化转型，加快推进组织结构功能变革。其次，结合新业务发展需求成立增值服务新团队。打造一批既懂技术又懂用户的一线服务团队，真正走向市场，为用户提供多元化增值服务。最后，探索成立运营共享中心。汇集前台用户需求，对内分发任务，并高效协调内部跨专业资源，根据前台需求快速调配服务、技术、知识等共享性资源，及时输出定制化产品组合等功能。

当前，市场上同质化产品较多，新兴业务公司缺乏具有核心

竞争力的产品，且服务产品与用户需求的不匹配度较高，从而导致服务效率降低、服务效益减少，市场拓展的速度缓慢。为此，按照市场化规则，公司围绕用户需求着力建立完善包括客户经理、解决方案专家和交付专家组成的项目"铁三角"，如图7—2所示，充分放权赋能，让其作为聚焦用户需求的前台一线共同作战单元，共同承担从商机到合同履行的端到端职责，实现从商机到交付流程的高效率和项目高效益目的。"铁三角"模式在推广供电增值业务当中取得了明显的成效。

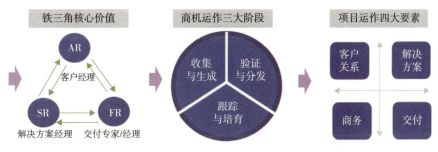

图7—2 "铁三角"的334法则

深化国有企业三项制度改革，构建市场化经营及激励机制，激活组织与个体。为充分发挥组织活力、激活个人潜能，南方电网公司探索实行从传统绩效到市场化激励的机制转变。一方面划小独立核算单元，试点打破收入封顶限制，着力完善市场业绩导向的激励机制，采用新型激励模式，以项目为纽带，实施项目全员激励，建立合作共享机制，调动项目参与各方的积极性和创造性。另一方面完善职业发展通道，对标市场化企业，针对新成立的专业团队，搭建以市场为导向的多元化职业发展通道，加大非物质激励力度。

> ### 充分激活个体——从传统绩效到市场化激励
>
> 　　为激发全员服务热情，基于用户需求获取和项目落地的考量，试点在广州、佛山针对落地项目进行激励，囊括前中后台主要参与人员。实现以项目为纽带、三台合作共享的激励机制，根据客户经理服务质量、产品服务质量、产品服务毛利率以及重要性等评价要素确定奖励管控系数。

　　电网企业建立协同共享机制，充分利用资源，提升运营效率。产业公司、集体企业的优势在于快速的响应能力、对行业的判断能力、对商业模式的谋划设计、具体项目的实施交付及优化、严格监管下的合规操作等。供电公司的优势在于严谨和规范的运营机制、与用户的紧密联系、对用户需求的洞察、完善的渠道布点、大量的数据资源等。因此，供电公司可以作为产业发展与用户之间的关键黏合剂来进行矩阵式合作协同。一方面，建立管制业务和非管制业务、业务和数字化的协同机制，实现业务全过程管理，促进业务转型与数字化转型相融合，以业务驱动数字化转型。另一方面，建立资源共享机制，加强用户报装、停电统计、抢修进度、配套工程、能效管理、电能质量治理等核心业务在各专业间的数据、服务共享，以共享促协调。

优化资源配置，"揭榜挂帅"柔性组织形成攻关范本

针对重难任务跨专业、跨机构协同不够顺畅，基层自我变革动力不足等问题，南方电网公司试点建立"揭榜挂帅"机制，由后台部门提出榜单进行公开挂榜，由意向揭榜单位编制项目方案参与竞选，考评小组审核确定揭榜单位，揭榜单位通过人才市场跨单位选拔组建柔性攻关小组。在任务实施过程中，考评小组开展阶段考核评价与验收考核评价，优异小组获得组织绩效考核倾斜、优秀比例增加、突出贡献个人额外晋升等激励。以配套机制促进跨专业、跨部门协同，实现人才培育并增强企业核心竞争力。

市场开拓——矩阵式合作协同

南方电网公司以客户服务中心为业务中台，建立了管制性单位和非管制性单位之间的矩阵式合作协同模式（见图7—3），充分挖掘和调用企业内、外部的能力，快速拓展及响应市场需求，强化各专业部门、单位之间的协同机制和资源调配机制。这一协作模式充分发挥了管制性单位的属地化优势和非管制性单位的市场拓展优势，在综合能源服务产品开发设计、示范项目案例方面"抱团出海"，形成现代供电服务体系生态圈。

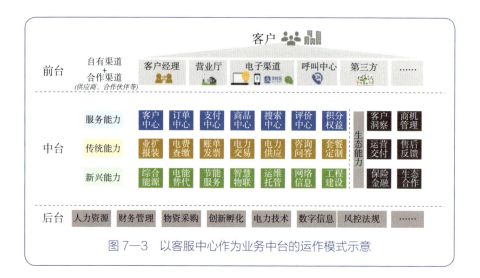

图 7—3 以客服中心作为业务中台的运作模式示意

三、坚持为用户创造价值的文化体系

方向决定道路，道路决定命运。始终把"以人民为中心"作为根本追求，践行"人民电业为人民"的根本宗旨，以广大能源电力用户需求为引导，创造生产性要素价值和生活性精神和社会价值，从"理想信念、发展理念、治企理念"三个层面解决"怎么看"的问题。

在理想信念上，始终牢记"人民电业为人民"的企业宗旨。这是立企之本，是推进解放用户的首要遵循，把为用户服务作为根本价值追求，涵养人民情怀，树立全心全意为人民服务的崇高理想。首先，要坚持用户至上。在追求企业发展的政治、经济、社会等多元目标的过程中，始终把满足人民对美好生活的能源电力需要摆在第一位，把对人民负责、对用户负责作为最核心、最关键的考量，决不以牺牲用户利益换取短期的或局部的企业发展利益。其次，要强化底线思维。牢牢守住基本盘，持续防范小概率、大危害的能源电力安全供应事件。同时，要充分考虑百年未有之大变局下各类风险挑战明显增多的不利因素，做好充足准备，当国家遭受可能的各类重大风险挑战冲击时，要牢牢守住能源电力供应"生命线"，努力成为国家应急保障体系中最坚固的一环。最后，要增强主业意识。始终紧抓主责主业不放，以全局视野和整体观念，对照党和国家赋予的核心功能定位，当好国家队，担当应有角色，发挥顶梁柱和压舱石作用，坚持一切业务的优化和调整都要有利于进一步做强做优主责主业，各方面工作都要围绕核心业务、服务核心业务、做强核心业务。坚持与时俱进，创新、开放地不断丰富完善和迭代拓展主业。

践行"人民电业为人民"企业宗旨，主动承担社会责任

南方电网公司把"人民电业为人民"作为企业宗旨，高度承接党的初心和使命，体现了公司坚持以人民为中心的思想，始终践行为人民谋幸福的价值追求。公司始终把满足人民对美好生活的电力需要作为一切工作的出发点和落脚点，发挥电网企业联系千家万户的基础服务作用，让广大人民群众从"用上电"到"用好电"，充分展现企业在服务人民美好生活中当先锋、作表率的不懈追求，充分展现电网企业经济发展先行官的

责任担当。

公司坚决打赢精准脱贫攻坚战，加大对西部地区尤其是以云南迪庆、怒江州为代表的"三区三州"深度贫困地区支持力度，累计帮助694个扶贫点、约34.7万人实现脱贫，助力东兰县、维西县等定点扶贫县实现脱贫摘帽，提前一年完成国家新一轮农网改造升级任务，连续三年在中央单位定点扶贫工作考核中获最高评级。主动承担社会责任，累计为抗疫一线捐款捐物5600多万元，制定实施助力湖北疫后重振发展举措。依托电力大数据建立企业复工复产监测机制，用电力大数据为政府决策提供科学支撑，为党和国家有关部门、各级党委政府当好参谋，落实国家减税降费工作部署，累计降低用户用电成本超过3000亿元，支持实体经济发展，有力助推五省区经济快速复苏。

在发展理念上，积极践行"新发展理念"。推动企业与时代同频共振，以新发展理念重新审视电网企业的责任和使命，在新时代大局下持续校准企业航向，加快破解不平衡不充分问题，全方位满足用户的新需求新期待。坚持创新发展，以新技术、新模式、新业态为驱动，通过重大科技攻关和商业模式创新，积极运用"云大物移智"等先进技术改造旧模式、培育新模式，提高供能供电效率和安全性、经济性、可靠性，为用户提供更多前瞻性的用能用电体验，满足多样化、多层次、高质量的用能用电需要。坚持协调发展，落实粤港澳大湾区、海南全面深化改革开放、深圳中国特色社会主义先行示范区建设、脱贫攻坚和乡村振兴等党中央重大决策部署，补齐发展短板，推动区域协调、城乡协调、主配协调，增强用户用电用能的均衡性和协调性。坚持绿色发展，积极践行绿色低碳的能源发展要求，进一步提高清洁能源使用比例，更好地解决水电、风电、光伏发电等清洁能源消纳问题，满足用户使用清洁能源、绿色电力的需求。坚持开放发展，培育国际化视野，统筹国际国内两个市场、两种资源，为国内外用户打造世界一流的电力营商环境和用能用电体验；以合作共赢构建能源生态系统，集聚更多资源和力量以满足用户的个性化、多样化需求。坚持共享发展，奉行全民共享、全面共享、共建共享、渐进共享，着力增强普惠性、基础性、兜底性的民生能源电力服务能力，让"小康路上一个都不掉队"，让不同区域、不同类别的用户更广泛、更公平地参与创造和享有能源电力发展成果。

协调发展　共享光明——"万家灯火　南网情深"

"万家灯火　南网情深"是南方电网公司十余年来精心打造的金字招牌，公司通过优质的供电服务、可靠的电力供应、精准的扶贫举措，以及幸福南网建设等方方面面，奉献光明，凝聚真情。祖国最南端的"海南三沙服务队"将南海三沙永兴岛从一个"电力孤岛"建设成覆盖绿色智能微电网的"电力富岛"，用科技力量、奉献精神点亮了三沙万家灯火。贵州深山里的"天眼供电服务队"用心守护大国重器——中国"天眼"十余年，精心保障世界最大单口径球面射电望远镜（FAST）从施工到运行全过程可靠供电，为实现我国脉冲星领域零的突破、建设国家级科普教育基地作出了积极贡献，彰显了南网真情。

变电站景观及功能国际设计竞赛助力大湾区高质量发展

为服务粤港澳大湾区发展，以绣花功夫推动城市建设、助力广州实现老城市新活力和"四个出新出彩"，南方电网公司以"点亮万家灯火，解密能量立方"为主题，在广州组织策划了全国首个变电站景观与功能国际设计竞赛，力争把更多艺术元素应用到规划建设中，更好地服务人民群众的高品质生活需求。该竞赛邀请了中国工程院何镜堂院士、王建国院士、孟建民、崔愷院士，以及矶崎新、菲力普·考克斯等国际顶级设计大师，共66个国际设计团队参加，对全市17个规划变电站和9个现状变电站进行设计竞赛，形成了超过600个优秀变电站设计方案，有力推动变电站景观及功能与城市发展双融合。作为重要的城市基础设施，电网规划、设计、建设品质内涵的持续提升，将为深入践行新发展理念、推动高质量发展作出积极贡献。

"通过设计的力量来拉近市政设施与市民的距离，推动变电站融入城市发展，这项工作非常必要也非常有意义。"

——何镜堂院士

"通过汇聚设计的力量来提升像变电站这样的小型邻避设施，在中国可以算是一个创举。"

——王建国院士

"对设施进行美学处理，是一个趋势和方向，本次国际竞赛是行业风向标，对全国都是一个带动。"

——孟建民院士

在治企理念上，加快推进治理体系和治理能力现代化。随着科技的不断突破和社会的不断进步，用户需求正以波浪式前进的方式快速演变。企业要实现有效洞察用户需求、满足用户需求、引领用户需求，就必须紧跟时代步伐，打造与之匹配的现代化治理体系和治理能力。坚定"四个自信"，不断在实践中丰富和发展中国特色现代电网企业理论，广泛吸收现代化管理理念，不断深化对中国特色现代电网企业的规律性认识，运用现代化科学管理思维推动企业变革。

知行合一——勇担使命，知难不畏难

南方电网公司干部员工怀揣勇担使命、矢志不渝的报国之志，以满足人民对美好生活的向往为己任，以吃苦不言苦的进取精神，和谐共事、团结奋进，知重负重、攻坚克难。

智能电表和低压集抄"两覆盖"有助于实现电能量数据的深化应用，对线损、台区末端电压等各项指标的监测提供准确的数据，是南方电网公司围绕"人民电业为人民"的企业宗旨，深化营销改革创新，不断优化营商环境的重要举措。"两覆盖"工作的近一半工作量集中在贵州地区。公司坚持策划先行，从建设管理、业务应用和队伍建设三个维度入手，创新"前端集约化，后端区域整合"项目管控模式，统筹项目建设；坚持规范管理，细化管控单元，以台区为单位开展相关建设和管控，建立台区指标卡，开展日跟踪、周调度、月通报，确保项目进度可控在控；坚持持续改善，质量和进度并重，加强项目建设成果的应用，以实现电子化结算作为检验项目建设实用化水平的关键，强化营销专业管理的规范性和标准性，持续提升营销基础管理水平。通过努力，公司提前40天完成贵州地区"两覆盖"攻坚任务。

第四节
生态伙伴体系的具体实践

一、面向生态伙伴构建用户服务平台

以"解放用户"方法论为指导，建设数字化用户服务平台，搭建用户、企业和生态伙伴之间的桥梁，为用户提供一揽子用电用能解决方案。

南方电网公司建设的用户服务平台，承载生态伙伴的产品和服务，整合现有用户端服务平台资源，包括互联网用户服务平台、互联网产业服务平台、综合智慧能源系统、统一供应链服务平台等。该平台部署智能、安全高效的身份识别模式共享服务，实现了互联网环境下基础资源和用户信息的安全保障。一方面，该平台连接用户，深挖需求，精准设计业务场景；另一方面，该平台连接生态伙伴，以共商共享共建的合作理念，为生态伙伴提供开放、平等的渠道资源。所有生态伙伴通过平台共享渠道触达用户，包括自建渠道、第三方合作渠道和数字政府渠道三大类。自建渠道是南网在线（含网厅、移动端等），为公司和生态伙伴共同发布产品和服务。与微信、支付宝等第三方渠道合作，为生态伙伴获取产品运营的广大受众。与数字政府合作，利用数字政府渠道（如粤省事、一部手机办事通等）的正向影响力，为生态伙伴树立诚信经营的良好形象。

"南网在线"让用电用能业务办理更"智慧"

"南网在线"是南方电网公司面向全社会用户的现代供电服务体系中数字化转型的前沿阵地。通过"南网在线"智慧营业厅（见图7—4），南方电网公司供电区域内的用户将实现用电报装"一键直达"；故障报修可实时查看"抢修小哥"抢修复电进展；系统可推荐最近的电动汽车充电桩……"南网在线"功能还覆盖电动汽车运营、产业链金融、综合能源服务等"互联网+"业务。平台产品全，融合了基础用电服务和增值服务产品，首期推出34项基础服务和11项增值服务产品，满足用户更丰富的用电用能需求。平台功能新，充分利用云计算、大

图7—4　"南网在线"智慧营业厅

数据、人工智能等技术，深入融合业务创新，打造电子签章、人脸识别、证照共享等新应用，实现用户办电"一次都不跑"。

"南网在线"平台技术架构如图7—5所示，"用户需求"作为初始输入，通过敏捷前台、高效中台和坚强后台的数字化支撑体系的价值加工，输出用户价值，从而实现所有生态伙伴的价值。

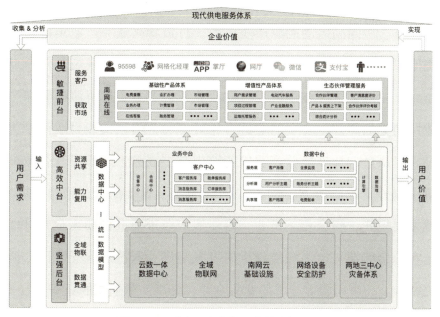

图7—5　"南网在线"平台技术架构图

二、聚合生态伙伴打造能源系统生态圈

南方电网公司提出"三商转型"的重要战略，打造以南方电网公司为枢纽的开放、合作、共赢的能源系统生态圈。公司围绕向能源产业价值链整合商转型的目标，实施了系列工作举措，包

括拓展增值服务，整合生态伙伴的服务能力；包络产业链，打造新兴业务产业集群；聚合生态伙伴，打造可持续发展的能源系统生态圈。

首先，整合生态伙伴的服务能力，拓展商业保供电、配电设备运维等涉电业务，构建专业化与属地化相融合的综合能源服务新体系，支持各省公司开展包括市场化售电、增量配网、电动汽车充电桩在内的综合能源等涉电业务。其次，建立布局合理、优势互补、协同高效的能源产业体系，打造新兴业务产业集群，围绕能源电力产业价值链，在粤港澳大湾区、京津冀及长三角布点布局，建成多个产业集群，推动产业集群各类主体资源配置和产业协同更加高效，实现产业链合作效率和价值创造能力取得显著突破。最后，拓展能源产业价值链中高端服务，全面提升企业配置国内外资源的能力，构建"网级为主、省级配合、错位发展"的发展模式，整合相关产业，沿能源产业价值链延伸，孕育打造出在综合能源、电力智能技术研发及应用、能源产业互联网、调峰调频、智慧用能等领域的龙头企业，提高能源生态的竞争力。

打造综合能源生态示范

2021年4月，南方电网公司承担的国家重点研发计划"工业园区多元用户互动的配用电系统关键技术研究与示范"项目，顺利通过工业和信息化部产业发展促进中心组织的综合绩效评价。该项目重点探索推进了冷、热、电、气等多能流一体化规划，电网企业、供能公司、工业用户、储能厂商等多主体互动机制建设，集成自趋优控制和多能故障处理的工业用能灵活控制，以及支撑多能协同、多元用户互动的综合能量管理，打造园区内部可靠、清洁、高效的综合能源系统。项目试运行以来，广州从化市明珠工业园示范区实现清洁能源和可再生能源供应比例超过85%、一次能源综合利用效率超过88%、园区峰值负荷削减值达到20%，有效构建了开放、合作、共赢的能源系统生态圈，取得了良好的示范效果。

全国首家以智慧新能源汽车为主题的能源生态体验厅上线

2021年3月31日，南方电网公司打造的全国首家以智慧新能源汽车为主题的能源生态体验厅在深圳上线（见图7—6）。本次能源生态体验厅的启动，是公司又一大胆尝试。

比亚迪是深圳本土企业，也是国产新能源汽车的领跑者；南网电动作为南方电网公司的下属电动汽车产业服务企业，以充电服务为基础，以电动汽车新基建推动"充电网、车联网、能源网、物联网"四网融合，能够很好地为用户提供专业的充

图 7—6　深圳能源生态体验厅

电服务；鼎和保险是电力行业的保险专家，可以为用户贴身打造更有竞争力的保险产品；新兴企业华睿丰盛等对相关服务进行全程监控和风控，同时研究产品成本效益、商业模型，最终制定长效营销策略。由此，南方电网公司打造集购车、保险、充电桩等为一体的生态圈的想法得以实践，让用户"购车更优惠，报装更便捷，使用更安全，保险更到位，充电更省钱"的销售模式雏形最终形成。

　　南方电网公司与新能源汽车的合作，是一个多方受益、良性循环的开端。这是一个可复制、可推广的增值服务生态圈建设模式，公司编写了一份能源生态项目商业策划书，深化研究电网企业与新能源汽车产业合作模式，为实现在全网乃至更大范围的推广应用打下了良好基础。

三、共建生态秩序，实现生态伙伴互惠共生

随着新一代数字化技术与电网业务的深度融合，南方电网公司积极与各方携手共建开放、共享的服务生态环境，推动数字电网高质量发展。公司与生态伙伴通过合理分配资源，建立互惠共生伙伴关系，促进有效协同；通过培育共同价值观和行为规范，建立理念共识，促进长期合作。

一是合理分配资源，建立互惠共生伙伴关系。首先，为伙伴成员创造开放协作条件，通过多种方式共享生态信息或服务，定期开展伙伴成员间的技术、资源分享活动，积极主动撮合生态伙伴合作，共同攻克技术难题，联合创新产品和服务，实现全生态的价值最大化。其次，建设开放协作的平台服务，向生态伙伴成员提供如精准营销、商务交易、信息互动、沟通协作、数据分析等开放型服务及平台沟通渠道，规范化管理基于生态平台的合作协议，提升能源产品或服务在生态平台上交易的可持续发展。再次，建立正向和反向激励机制，平衡各方收益，从整体利益出发，在满足用户价值诉求的前提下，分析各成员在生态体系中的地位、价值贡献度、竞争情况等，采取部分让利、整体平衡的策略，保障生态体系整体利益最大化。最后，通过各种方法收集利益相关者的各类意见，不断平衡利益相关方诉求，以公平、公正、合理为原则，不断优化符合生态系统长远发展的利益分配规则。

打造南网商城整合优质资源

南方电网公司以南网商城为平台，着力推进优质资源整合，夯实供应链服务基础，在满足生产性服务基础上，进行供应链和产业链重构。利用南方电网公司品牌优势，整合上下游供应链企业，打造性价比一流的电工装备商品交易平台，实现"需求计划管理—寻源采购管理—合同管理—履约管理—品控管理—仓储配送管理—供应商管理—逆向物流管理—供应链金融"全产业链整合，为上下游产业链伙伴和广大用户提供电气设备及耗材等产品。通过不断向专业化和价值链高端延伸，推动涉电服务场景向高品质和多样化转型，持续强化涉电领域线上线下业务融合，构建多能互补、智能联动、互融互通的创新矩阵，推动"电力新零售"业务落地实施，以满足用户多渠道、多时段、多场景的个性化需求，为个人提供家庭电气化、电能替代等产品服务。南网商城累计交易额超过60亿元。

打造扶贫商城助力扶贫点农产品销售实现多方共赢

南方电网公司依托互联网平台打造扶贫商城（见图7—7），以"互联网+"模式解决扶贫点农户卖货难的问题。以"南网商城"为载体，南方电网公司打破传统农产品销售模式，优化种植户、养殖户、食品加工等企业的产品销路，形成价格优势，打通商品流通环节，在保证优质货源的同时，为消费者带来物美价优和高速配送的购物体验，实现多方共赢、互惠共生的全新局面，将精准扶贫落到实处。目前，南网商城扶贫专区已入驻南方五省区内40多个扶贫点所销售的特色水果、蔬菜瓜果、面食油米等百余款农产品，推动贫困地区特色优势农产品与市场的有效对接。

图7—7 "扶贫商城"商品销售区

二是培育共同价值观和行为规范，建立理念共识。从共同价值观和行为规范两个方面，在能源生态伙伴体系中树立"为用户创造价值"的文化理念。首先，建立责权明确的诚信客户服务体系，约束所有生态伙伴，以用户满意为宗旨，解决用户关切。强化契约关系约束交易行为，注重交易过程监管，组建基于生态平台的监管机构，引入第三方机构对系统成员进行监管，在平台系统成员之间建立信任关系，降低失信风险，提高失信违约成本。其次，组建调解机构，处理利益纠纷、矛盾争端，建立良性互动，规范竞合关系。制定生态伙伴管理制度，明确生态主体的准入标准，建立生态主体信息档案，严格认证生态成员身份，明确基本责任、义务与权利，完善生态伙伴退出机制，优化生态伙伴群体构成。再次，制定产品与服务的质量标准，按照"定量为主、定性定量相结合"的形式明确具体技术参数和服务要点，形成产品或服务的商品属性的统一规范。最后，通过品牌建设，构建生态伙伴信任机制，沉淀品牌营销、舆情等多方数据，帮助生态伙伴实现基于数据驱动的品牌运营，扩大生态体系影响力，让生态系统成为惠及各方的利益共同体和命运共同体。

电力大数据助力散乱污治理

数字电网产生的海量数据正与"数字政府"对接，为社会治理创造新资源、新工具。南方电网公司在广州运用电力大数据，对各区、街镇、村、工业园区的用电情况进行统计、分析和监测，形成用电情况异常名单，为政府相关部门更精准地定位"散乱污"场所、破解城市治理难题提供了有力支撑。广州"特大城市'散乱污'大数据智能监管与治理示范性项目"入选国家工信部2020年大数据产业发展试点示范项目名单,成为民生大数据创新应用领域方向的70个上榜项目之一。"散乱污"系统上线运行以来,广州市已累计完成新一轮排查场所51.6万个,排查率98.9%,其中认定"散乱污"场所共计5.5万个,关停取缔3万多家,切实改善了城市生活环境。

第五节
评价反馈体系的具体实践

现代供电服务体系的建设是以满足用户需求、为用户创造价值为中心的,所以在评价过程中要把用户作为最高裁决者和最终评判者,从用户的用电用能体验出发,判断组织和生态的各项能力能否支撑用户价值的实现,突出用户在评价中的主体地位。现代供电服务体系的评价通过对用户价值评价的分析,判断所提供的服务与用户需求间的差距,对应开展与之关联的组织能力和生态伙伴评价,挖掘企业管理的问题症结,找出解决措施,反馈给相关方,持续推动产品和服务以用户需求为导向,不断优化完善,更好地实现用户价值。

在遵循完备性、科学性、系统性和典型性等基本原则的基础上，注重专家的经验，结合行业和公司的特征，克服单独使用定量或定性分析的局限性，选取若干代表组织和生态属性的评价内容，构建评价指标体系，系统反映现代供电服务体系的建设效果。

一、用户价值评价与反馈

用户的用电用能需求是多样化的，除了基本的供电服务外，还对用电用能相关的增值性服务（如综合能源托管、电力保险、电动汽车等）有需求。此外，用户对服务质量还有相应的要求，包括能源获取的便捷性、用电用能的可靠性、用电用能选择的多样性、用电用能服务的舒心省心等。用户对企业的评价选取地方政府公共服务评价等级、第三方客户满意度等指标作为典型指标。

地方政府公共服务满意度评价是由地方政府开展的针对公共服务的公众评价，调查样本涵盖不同城乡、户籍、性别、婚姻、年龄、教育程度、职业以及不同收入状况的人群；涉及公用事业及市场服务、公共安全、公共教育等10大类公共服务，供电、气象、民航等40项具体服务。对各项具体服务的评价采用共性指标和专项测评指标结合的综合评价，共性指标包括服务水平、服务态度、服务效率、营业厅环境、服务诚信、服务创新、服务承诺、行风评价等8个指标，在各项具体服务中开展横向比较；供电服务专项测评指标包括停电处理、电压质量、供电安全、用电业务办理、抄表收费、服务渠道等6个指标。地方政府公共服务满意度评价通过网络公开发布。

以广东政府公共服务（供电）评价为例，2020年，广东电网、深圳供电局供电服务满意度为84.62分和86.01分，均达到优秀水平，提升幅度均超过0.8分；广东电网供电服务满意度实现十二连冠、深圳供电局供电服务满意度实现十连冠；广东电网七项共性指标排名第一，深圳供电局八个共性指标满意度均居首位；供电安全满意度最高，抄表收费服务连续三年成为服务短板。

第三方客户满意度评价是由电网企业委托第三方机构开展的用户对电网企业满意度的调查结果。第三方客户满意度的评价内容与地方政府公共服务满意度评价的供电服务专项测评指标一致，包括停电处理、电压质量、供电安全、用电办理、抄表收费和服务渠道6个方面。第三方客户满意度评价以调查报告的形式向各单位发布，包括调查基本情况、客户总体满意度、各专项客户满意度、客户信息有效率和工作建议。此外，第三方客户满意度得分以《社会责任报告》形式向社会发布。

南方电网公司第三方客户满意度评价

为深入贯彻落实为用户创造价值的服务理念，坚持"人民电业为人民"的企业宗旨，南方电网公司委托第三方咨询机构开展2020年第三方客户满意度调查工作，通过对南方电网公司系统各层级单位用户进行满意度调查，获取用户对供电服务的满意度评价，了解服务现状，定位服务"短板"，查找服务质量差距，为提升服务质量提供有效信息支撑。

2020年第三方客户满意度评价内容在整个"十三五"期间保持延续，评价过程完全随机，评价样本均经过质检，所有回答均出自用户真实用电感受，评价结果公平、客观、科学。

第三方客户满意度评价范围包括网、省、地、县四级电网企业。覆盖广东、广西、云南、贵州、海南、深圳6个省级单位，65个地市级单位及495个县级单位。评价有效样本数193441个，每个县级单位评价有效样本380份，满足置信水平95%，抽样误差5%，分为工业、商业、居民、其他四类用户，各类用户按1∶1∶2∶1的比例进行分配。评价采用电话评价的方式进行。

评价指标体系分为三层，含1个一级指标（第三方客户满意度），6个二级指标（包括停电处理、电压质量、供电安全、用电办理、抄表收费、服务渠道），18个三级指标。一级指标是了解用户总体上对供电局过去一年供电服务的满意度评价，二级指标是了解用户对各项业务的满意度情况，三级指标用于分析用户不满意原因。指标体系如图7—8所示。

总体而言，"十三五"期间，公司满意度平稳上升。满意度由2016年的79.5分，提升至2020年的84.5分，提升5分，见图7—9。

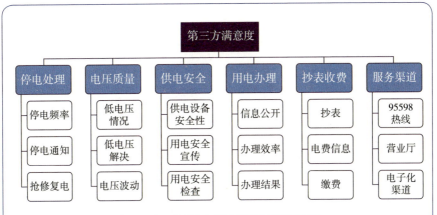

图 7—8　2020 年满意度调查指标体系

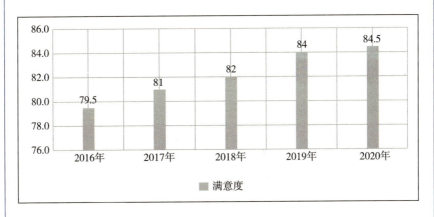

图 7—9　2016—2020 年公司总体满意度

从各评价分项来看：停电处理和用电办理在"十三五"期间对用户总体满意度提升起关键推动作用，5年分别提升5分和3分；用户对供电安全、电压质量和服务渠道满意度评价相对较高，对停电处理、抄表收费满意度评价相对较低，2020年各分项用户满意度均超过80分，为历史上首次出现；用户满意度在达到85分左右时，进一步提升遇到瓶颈，从供电安全、服务渠道过去五年用户满意度看，基本维持在85分左右，进一步提升较为困难。

对各类用户而言：2020年除居民用户外，其他用户满意度均有提升，工业、商业、其他用户同比提升1分，居民用户同比持平；"十三五"期间，各类用户满意度呈持续提升趋势，其中，工业、其他、商业用户均提升5分，居民用户提升4分；居民用户数量多，结构性差异性相对更大，是影响总体满意度的关键因素。从过去五年分值看，历年居民用户满意度均最低，从分值提升情况看，居民用户也相对更缓慢；工业用户对停电处理、用电办理和抄表收费方面服务感知的敏感程度较高；居民用户对停电处理、用电办理和服务渠道方面服务感知的敏感程度较高；商业用户对停电处理、电压质量、供电安全、用电办理方面服务感知的敏感程度较高；其他用户对停电处理、用电办理和抄表收费方面服务感知的敏感程度较高。供电企业需提升相关专项服务，让用户有更强的服务获得感。

针对2020年第三方客户服务满意度调查工作，对供电服务提出如下建议：深化大数据技术应用，变被动服务为主动服务；解决区域间供电水平差异，逐步实现服务均等化；用户基本诉求基本得到满足的情况下，关注用户体验；关注用户评价较低专项，逐步补齐服务短板，重点关注停电处理和抄表收费。

二、组织能力评价与反馈

企业的组织能力包括用以响应用户需求、提供优质服务的人力要素、物力要素和文化要素，主要体现为人力要素中的角色胜任力，物力要素中的资源调配能力、运营协同能力、战略牵引能力和资源建设能力，以及文化要素中的"为用户创造价值"的文化渗透能力。企业组织能力的评价选取战略管控能力、人均素质当量、数字化水平等作为典型指标。

一是战略管控评价。战略管理是企业长远性、根本性的重大管理。战略管控包括战略管理、产业布局、可持续发展三项管理要素。具体评价内容为能否制定科学的战略管理体系，实现战略制定、战略分解、战略实施和战略回顾的闭环管控，确保战略落实落地；能否围绕核心业务发展战略性新兴业务，业务占据全球产业链中高端；能否超前把握国内外和行业发展的大趋势，将可持续发展理念融入企业战略。

二是人均素质当量。它是指企业从事相应范围内工作的人员的人员素质当量的平均水平，其中，人员素质当量具体折算标准见表7—4，取个人专业知识水平素质当量、岗位胜任能力素质当量两项指标中最高值计算，人均素质当量的计算公式见式（7—1）。

$$人均素质当量 = \frac{\sum \max(专业知识水平素质当量, 岗位胜任能力素质当量)}{\sum(人员数量)} \quad (7—1)$$

表7—4 人员素质当量折算表

素质当量	专业知识水平	岗位胜任能力评价资格	
		专业技术类	技能类
2.8		首席技术专家	
2.6		高级技术专家	特级技能专家
2.2	博士研究生	一级技术专家	高级技能专家
1.8		二级技术专家	一级技能专家
1.5	硕士研究生	三级技术专家	二级技能专家
1.2		助理技术专家/主管	三级技能专家
1.0	本科	专责	助理技能专家/班（组）长
0.7	专科	助责	副班（组）长
0.5	中专		高级作业员
0.4	中技		中级作业员
0.3	高中		初级作业员
0.2	初中		
0.1	初中以下		

三是数字化水平评价。它是基于统一数字技术平台开展的，从平台运营能力、数据运营能力、数字化转型应用建设能力方面全方位评价分子公司数字化转型和数字电网建设水平与成效。数字化水平的评价方式以线上为主、线下为辅，采取系统实时取数、在线算分的方式，部分暂不支持线上自动评价的指标通过资料核查方式开展评价。数字化水平评价的具体评价指标为数字化应用、网络安全防护、数据管理相关指标。评价结果以《数字化水平报告》的形式发布，包括评价方式及规则、评价结果、成效分析和

问题分析四个部分，为各单位的数字化建设决策提供参考。

南方电网公司分子公司数字化水平评价

2021年，南方电网公司开展了针对超高压公司、各省级电网公司、调峰调频公司共8家分子公司（以下简称各单位）的数字化水平评价。评价指标来源于云管平台、人工智能平台、智搜平台等技术和业务平台，具体评价数字化应用、网络安全防护、数据管理相关指标。在数字化应用方面，挑选9个典型指标，主要评价数字基础平台应用成效、数字业务平台应用成效、数据应用水平和数字化需求响应能力；在网络安全方面，挑选7个典型指标，主要评价网络安全综合防护能力和效果；在数据基础管理方面，挑选2个典型指标，主要评价数据管理体系成熟度、数据采集与质量管理水平。

在数字化水平评价应用的指挥棒作用下，各单位的指标水平取得切实提升，数字化转型成效突出。首先，数字化水平评价应用作为数字化转型工作"积分看板"，营造了良好数字化创新氛围，各单位紧盯"积分看板"，使得各项指标迅速提升；其次，数字化水平评价的"指挥棒"作用得到充分发挥，引导分子公司基于公司统一基础技术平台，遵循公司统一技术路线开展数字化转型和数字电网建设工作；最后，各单位网络安全工作成效突出，关键应用系统运行率、信息网络运行率、运行告警处置及时率、数据一致率等重要考核指标均达到满分水平。

经过数字化水平的评价，也挖掘出了数字化建设的问题并提出了改进措施。具体改进措施包括：一是从单一的租户数量评价调整为多因子分析，侧重上云应用微服务情况的考查；增加对接入终端的"质"进行考核，并侧重考核增量设备接入情况、接入终端实用化的管理情况，提高接入终端的数字化应用质量。二是从应用规模、技术、实用化情况等多方面进行考查，通过自动化手段进一步管控数据应用的质量；设计交叉验证机制，确保人工智能样本标注的准确性。三是推动各单位将全域数据实时接入数据中心，实现应接尽接，应采尽采；建立健全数据交叉验证机制，充分发挥数据认责，建立数据链路监控，为数据问题定位、主动预警提供方法和工具。

三、生态伙伴评价与反馈

在生态伙伴体系中，成员间通过各种经济行为和社会关系相连，分享资源、信息，互相信任、协同工作、共创价值。生态伙伴的评价选取供应商分级评价、供货商信用评价等作为典型指标。

供应商分级评价主要按资质能力评价、履约评价和运行应用评价三个维度进行。首先，资质能力评价主要对供应商的商务、质量、技术等软硬件综合实力开展评价，评价对象为资格预审评审合格的供应商。其次，履约评价主要以项目或合同为评价单元，在合同签订、合同履行、合同终止或解除等环节对标的物交付和质量、履约进度、售后服务、违约情况等重点内容开展评价。最后，运行应用评价主要根据工程、货物和服务等项目从投入使用直至退出使用全过程的安全、质量、服务、应用效果等方面开展评价。供应商分级评价用于对供应商进行分类分级。供应商分类分级评价结果会在招标（采购）方案及招标（采购）文件中予以说明，并且公司根据分类分级评价结果对供应商实施相应管理策略，包括采购策略、保证金支付、品控抽检要求等管理策略和优先供应链金融支持、失信记录修复等方面的应用。

供货商信用评价按时间进度可以分为以下四个阶段：登记评审阶段的信用评价主要评价供货商是否提供真实资料，是否利用不正当手段获取评审信息或者影响评审结果；招标采购阶段的信用评价主要评价供货商有无弄虚作假、串通投标的行为，是否利用不正当手段谋取中标，是否存在诋毁、故意扰乱招投标秩序等恶意行为；合同签订与执行阶段的信用评价包括供货商签约工作的响应情况，以及供货商对工程项目所需设备材料在制造过程中的工艺流程、制造质量及质量管理体系的执行情况是否符合合同要求，产品的技术性能是否符合合同（含招投标文件）的要求；产品运行阶段的信用评价包括供货商在运行阶段发生设备质量问题或缺陷时处理响应情况，以及供货商的设备质量引发的缺陷或事故事件严重程度情况。公司对供货商的失信行为进行评价并扣分，根据扣分的严重程度形成供货商预警名单、警戒名单和黑名单，在公司系统内共享，并采取不同程度的预警或处罚措施，如发送《扣分处罚通知单》、相关约谈、市场禁入、不接受投标等，处理期限根据失信行为的事实、性质、类型、情节和危害程度等情况确定。

第八章
现代供电服务体系成效

　　现代供电服务体系建设本质上是南方电网公司落实"推动生产性服务业向专业化和价值链高端延伸，推动生活性服务业向高品质和多样化升级"的要求，打造电力企业解放用户的"用户价值体系、组织能力体系、生态伙伴体系和评价反馈体系"，为用户提供可靠、便捷、高效、智慧的新型供电服务，切实增强用户的获得感、幸福感和安全感，在为用户创造价值中实现企业自身价值的过程。解放用户理念和VOSA模型在现代供电服务体系中的实践运用，是中国特色社会主义制度下服务管理创新理念落地的有效探索，符合中国国情、行业属性，对能源行业乃至整个现代服务行业都具有重要的理论意义与实践价值。

　　现代供电服务体系建设，对推动公司内部价值创造水平提升、引领产业现代化转型升级均具有重要意义。现代供电服务体系建设既是电网企业夯实服务民生之本、服务人民美好生活的具体行动，又是助力南方电网公司战略转型、加快打造世界一流企业的迫切需要，也是加强资源整合强化政企合作、持续提升品牌形象的重要举措，更是促进能源消费革命助力美丽中国建设、在社会贡献力量中充分展现南网价值的示范窗口，其理论与实践进一步丰富和发展了中国能源领域战略转型发展研究的现有实践成果，同时也为中国特色现代企业的高质量发展提供了可以借鉴的样本。

第一节
推动价值创造水平迈向世界一流

一、夯实服务民生之本

（一）全面提升用户获得电力水平

对标世界一流水平，南方电网公司出台全面提升"获得电力"服务水平持续优化用电营商环境三年的行动方案，不断提升用户获得感、幸福感、安全感。

一是提供可靠电力。公司以供电可靠性为总抓手，强化源头治理，抓领先、补短板、强基础，大幅减少计划及故障停电时间，提供可靠供电，有效提升用户的用电体验。"十三五"期间，南方电网公司客户平均停电时间（低压）下降近50%；2020年，广州、深圳、中山、珠海、佛山、东莞、江门、南宁、昆明、贵阳等10个主要城市城区客户平均停电时间低于1小时。在全国城市电力可靠性排名中，珠海、中山、深圳、佛山、广州、东莞位居前10，并包揽前3，特大城市核心区可靠性比肩世界顶尖水平。

二是提速办电流程。低压客户业扩报装流程成功精简到2个环节，高压客户精简到3个环节，与世界先进水平接轨。2020年，南方电网公司供电服务区域内低压非居民、高压单电源客户平均接电时间分别下降到2.7个和21.2个工作日。推动地方政府出台支持政策文件，缩短涉电工程行政审批时限。其中，贵州全省、海南全省和广东15个地市、广西8个地市、云南5个地市的低压非居民（简易低风险）电力外线工程免审批。在中国营商环境"获得电力"评价中，深圳、广州名列前茅。

三是降低用电成本。公司坚决执行国家2018—2019年连续两轮"降低一般工商业电价10%"以及2020年政府工作报告"降低工商业电价5%政策延长至今年年底"的政策要求，统筹推进疫情防控和改革发展生产经营工作，全力支持实体经济发展，不断降低用户用电成本，2018—2020年累计降低用户用电成本约600亿元。进一步加大投资界面延伸力度，在南方五省区所有地级城市实施100～200千伏安小微企业接电零投资；小微企业接电实现"零投资"，累计节约用户投资108亿元。持续推动清理商业综合体、产业园区、写字楼等转供电环节的不合理加价行为，促进转供电主体及时将降价红利足额传导至被转供的终端用户，增强工商企业的获得感。

（二）全方位提供用电用能选择

新兴业务产品体系稳固优化。通过现代供电服务体系的构建细分电力用户市场，现有市场份额保持稳中有升，潜在市场需求稳步拓展，实现包括综合能源供应、能效服务、电能替代、电动汽车服务、市场化售电、智能电网增值服务、用户设备代维等增值业务基础产品库的建立，使产品组合更加多元化、产品服务的组合更加多样化。

> ## 南方电网综合能源公司提供多样化综合能源服务
>
> 南方电网综合能源公司是全国最大屋顶分布式光伏投资开发服务商，累计投资建成光伏项目超过1GW，并网光伏项目综合效率超过80%，其中包括中山格兰仕光伏、东风日产光伏等标志性项目。除光伏以外，南方电网综合能源公司还涉足风电、天然气、生物质能等多种类型的能源综合利用业务，同时引入中国建筑、恒大集团、宁德时代及华为、腾讯等上下游合作伙伴，整合打造合作共赢生态圈。

实现增值服务产品多元化。深入洞察用户多元化需求，增强定制产品研发能力，推动产品与服务组合向多元化、定制化、新型数字化转型升级，使用户交互体验更加个性化，打造出一批规模效益有保障、技术商业模式有创新、用户反响好的示范项目。强化能效数据共享平台建设应用，引领能源服务市场发展，培育企业新的效益增长点和能源服务品牌。

> **南方电网公司建立电动汽车产业服务体系**
>
> 　　南方电网公司在南方区域建立了电动汽车产业服务体系，建成顺易充网级电动汽车服务平台，同时不断推进充电基础设施投资建设，着手打造南网充电服务品牌。迄今为止，南方电网累计投运自营充电桩3.7万个，互联互通充电桩13.2万个，"顺易充"注册用户58.5万人，在南方区域市场占有率17%，排名第一。

二、筑牢世界一流之基

（一）管理效能显著提升

营销体制机制创新有效推进。通过界定前中后台职责界面，强化用户关系管理，实现用户服务前端融合，线上线下需求集中对接，用户需求快速响应，开展低压与计量班组营配末端融合试点，"最后一公里"服务能力明显提升。新型运维服务模式初步建立，实现一线服务团队既懂技术又懂用户，市场反应能力不断增强，用户多样化、个性化需求全方位满足，使服务方式由单一模式向全场景全触点、人工交互运营转型，服务管理由"传统封闭"

模式向"高效开放"的互联网体验运营模式转型，服务能力由事后补救向事前研判转型。

协同发展实现资源共享。南方电网公司从全局的角度锚定新兴业务改革发展的原则和方向，组建产投集团、资本控股、国际金融、鼎元资产等专业公司，加大专业化整合力度。在此基础上，南方电网公司组建成立电动汽车、互联网、智慧能源、通信信息、通航服务、科技开发等细分市场专业公司，新兴业务与产业金融布局基本形成。新兴业务与管制业务、国际业务、金融业务和共享服务等其他战略单元同向发力，协同效应不断增强，利润贡献逐年增长，年均增速达33.4%。

（二）服务数字化有序推进

增强互联网服务连接用户的能力。互联网平台的建设有效推进非管制业务与管制业务融合共生，实现能源产业上下游各种生产要素统一整合，有效促进跨专业业务协同，助力供电服务流程简化，不断完善对业务应用的共享服务支撑能力，提供高可用、可伸缩、灵活便捷的计算、存储、网络等公共基础资源，以弹性灵活稳定的资源支撑用户需求，通过互联网实现全天候、零距离地为用户服务，社交分享、在线互动等新型沟通模式促进沟通效率的提升。

互联网平台实现用电业务办理"一次都不跑"

　　南方电网公司积极构建工业互联网应用平台，全面对接南方五省区数字政府平台、国家工业互联网平台；全面开展通信与物联网技术研发，完成物联网平台主节点部署。自主研发了首个网络安全态势感知平台，全面覆盖网、省、地三级单位。开展互联网客户服务平台、大数据平台等数字基础平台的建设和运营，实现全类型数据的全生命周期管理。大力推行"互联网＋电力服务"，通过网上营业厅、掌上App、微信服务号、支付宝生活号、政务平台等渠道，让企业和群众办理用电业务"一次都不跑"，2020年互联网业务办理比例达到99%。

　　建立起新型数字化用户关系模式。依托数字技术推动服务创新，拓展行业分析深度、广度。打造基于用户画像、标签体系、移动服务等的精准营销及服务模式精细化；开展流量、用户、产品的数据分析，增强用户黏性，挖掘并创造商机，着力为用户提供可靠、便捷、高效、智慧的新型服务；打造数字化用户旅程，实现服务从线下向线上转变，服务模式从被动向主动转变，提高用户需求响应的效率和质量。

> ### 南方电网公司智慧营业厅实现服务从线下向线上的转变
>
> "南网在线"智慧营业厅打造线上统一的能源生态服务入口，成为畅通供给需求、促进均等服务、主导产业链升级的重要平台和窗口。"南网在线"智慧营业厅更加重视用户主体地位、更加重视与用户互动沟通、更加注重与用户共创价值，是构建现代供电服务体系、满足人民美好生活电力需要的具体实践。
>
> 广东中山的尹先生通过"南网在线"App报装90千伏安的制造业普通工业用电，从提出申请到完成接电，仅用了一天半时间。他说："不仅办电可以'刷脸'，还能在App上看到供电小哥飞奔而来的轨迹。"
>
> 广西南宁的潘小姐开超市需要用电，潘小姐在线上提交完用电报装申请不到半小时，南方电网供电人员就来到现场，用营销移动作业终端机完成了现场查勘。供电人员回复："信息已经传递给装表接电的同事了，他们来接完线你家超市马上就有电了。"

（三）品牌价值稳步提高

南方电网公司持续提升品牌价值、夯实管理基础，推动品牌工作朝着系统化、规范化、专业化方向不断迈进，深入推动企业文化理念入眼、入脑、入心、入行，运用融入管理、切入业务、植入行为的转化方法，营造主动服务、创新服务、全员服务的浓厚氛围，持续丰富"万家灯火 南网情深"的时代内涵，为优质服务提供强有力的文化支撑，着力打造具有全球竞争力的世界一流品牌。

在《财富》发布的2020年世界500强榜单中，南方电网公司凭借2019年营业收入819.781亿美元的经营业绩，位列第105位，较上年提升6个位次。在世界品牌实验室发布的2020年《中国500最具价值品牌》分析报告中，基于财务数据、品牌强度和消费者行为分析，南方电网公司以1718.87亿元的品牌价值排名29位，比去年上升2位，这是南方电网公司首次排名进入前30。2020年第三方客户满意度达到84.5分。广东电网公司、广西电网公司和深圳供电局等子公司连续多年在地方公共服务评价中名列第一。

第二节
有效引领产业现代化转型升级

一、进一步丰富和发展了中国能源绿色低碳转型成果

能源是人类赖以生存和发展的重要物质基础，人类文明每一次重大进步都伴随着能源的改进和更替，能源的合理开发利用和可持续发展对世界经济和人类社会发展具有重大意义。能源革命指能源资源及其开发利用方式的深刻变革，这种变革需要依靠持续的能源转型和能源结构优化实现。在人类社会发展中，发生过

两次大的能源革命：从柴薪为主的生物能源时代过渡到煤炭时代；从煤炭时代过渡到油气时代。当前以化石能源为主的能源体系极大地推动了经济、社会发展，促进了人类文明和进步。但化石能源分布不均带来的能源安全问题及其开发利用带来的环境污染问题也日益突出，使得人类对以可持续、可再生能源开发利用为代表的第三次能源革命呼声高涨。作为最大的能源消费国、最大的煤炭消费国、最大的碳排放国、人口最多的国家，中国能源革命的必要性、复杂性、艰巨性更加突出。

能源绿色创新发展迫在眉睫，在树立生态文明观念，服务碳达峰、碳中和，加快推动能源绿色低碳转型的新时期，南方电网公司全面践行习近平总书记关于能源革命的重要论述，在更大范围内整合各种资源，与合作伙伴共赢，变系统内"小循环"为社会化"大循环"，建立"以电网企业为中心支撑、社会各界广泛参与"的能源命运共同体，当好"整合商""服务商"，主动引领美好生活用能，积极引导能源绿色消费，全面促进能源生产消费方式绿色转型，深入推动构建清洁低碳安全高效的现代能源体系。

南方电网公司推进能源绿色低碳转型实践

南方电网公司全面完成国家清洁能源消纳专项行动目标，西电东送实现跨越式发展，新增送电能力2300万千瓦，累计送电超过 1 万亿千瓦时，减排二氧化碳 7.2 亿吨、二氧化硫 520 万吨，全网可再生能源利用率达到 99.5%，非化石能源装机、电量占比连续五年双过半，继续领跑全国，节能环保领域保持行业领先。南方电网综合能源公司位列"2017 全国节能服务公司百强榜"第一名，是全国唯一一家获得 3 项 5A 评级（最高评级）的节能服务公司，累计投资服务开发节能减排项目千余个，在建筑、工业、照明等细分领域处于领先地位，托管电量 4.8 亿千瓦时。积极融入"两新一重"建设等重点领域，昆柳龙直流提前半年全面建成投产、创造 19 项世界第一，推动世界直流输电技术再上新台阶，锻造出"胸怀大局、迎难而上、自立自强、勇攀高峰"的昆柳龙精神。全力支持和服务新能源发展，积极推进"以电代煤、以电代油、电从远方来"，加快实施电能替代，在商业餐饮、工农业生产、交通运输等领域，大力推进电厨炊、电窑炉、热泵、港口岸电、机场油改电、农产品电加工等技术的深度应用，在居民生活领域，加快推进电采暖、厨房电气化，力争实现传统替代领域全覆盖，进一步提高电能在终端能源消费中的比重，为东西部协调发展和打赢蓝天保卫战作出重要贡献。

二、为现代服务业高质量发展提供可借鉴样本

现代服务业是指以信息网络技术为主要支撑，建立在新的商

业模式、服务方式和管理方法基础上的服务产业。随着经济发展方式的演变和科技的进步，以知识密集型、技术密集型、人力资源密集型、高成长型为特征的现代服务业新业态，在推进我国产业结构调整中发挥着越来越重要的作用。

面对用户日益增长的多元化、多层次、高质量的用电需求，电力企业传统的用户服务体系还存在与之不相适应的地方，南方电网公司不再停留于垄断行业性质，而是充分认识到新时代行业发展的需求，主动从传统电力企业走向现代服务型企业、现代化数字企业，及时把握服务能力建设在新时代电力发展中的关键作用，做好用户关系管理，拓展服务新模式，提升用户服务感知和服务满意度，确保在公共服务行业领先，从而实现企业与用户的双赢。

构建现代供电体系要求转变服务思路，转变的重点就是做好用户服务和用户需求管理。南方电网公司提出建设以用户为中心的现代服务体系，打造线上线下一体化、便捷贴心、增值高效、智慧互动、灵活主动、开放共享的服务新模式。这一体系意味着基于现代服务业的用户关系管理研究对服务行业越来越重要。借助数字化转型推动管理模式转型，在工作机制和流程中引入前中后台理念，打造敏捷前台、高效中台、坚强后台，真正地做到"要什么、有什么，缺什么、补什么"；不断推进运营机制市场化，以一线为中心建立完善市场化机制，加大对市场前端人员的正向激励力度，充分调动积极性、主动性、创造性，鼓励协同开拓市场化业务；基于数字化平台实现信息共享、跨专业协同和资源统一调度，切实满足人民群众对美好生活需要，实现用户、企业自身、生态伙伴等各利益相关方综合价值最大。

南方电网公司的数字电网建设提升信息共享、业务协同水平

南方电网公司组建全球首家数字电网研究院，专注研究电网的智能化、数字化和信息化，发布全球首份《数字电网白皮书》，初步建成云数智一体的数字技术平台，按照"主节点＋分节点"模式初步建成南网云，按照"两地三中心"模式打造全网统一的调度云；基本建成云化数据中心，初步建成企业级数据湖，数据总量达到1.5PB；完成物联网平台在南网云主节点及部分分节点上部署。电网管理平台、客户服务平台、调度运行平台、战略运行管控平台四大数字业务平台建设初见成效，企业级、专业级运营管控初步形成"一级部署、多级应用"。广州、贵阳等国家工业互联网标识解析二级节点上线，与国家顶级节点实现互联互通。建成全域、纵深的网络安全防护体系，电力关键信息基础设施的安全防护水平显著提升。在机巡、用户等领域，人工智能与业务发展深度融合取得重大进展。为加快推进产业数字化、数字产业化步伐，更好地让数字为企业转型赋能、为人民生活添彩贡献南网智慧。

南方电网公司现代供电服务体系建设紧紧围绕资源整合、模式优化、组织完善、流程再造、机制建立、标准升级等方面，结合地区实际，主动试、大胆闯，立足用户和市场视角，对体系试点运转情况开展常态化监测、多维度评价，来确保体系取得成效，并在组织架构、用户分类、用户关系管理流程的基础上形成了可复制、可推广的"南网样本"，切实为中国特色的现代企业高质量发展累积了宝贵经验。

　　解放用户理念源于马克思主义思想的唯物史观，根植于中国共产党的实践，体现了新时代下管理理念和方式的转变，回答了企业如何洞察并满足用户需求，从而实现用户价值与企业价值。这一理念不仅可以应用于企业管理，其理念内核和相关方法论具有一定的普适性，对当前社会经济发展的一些重要领域也具有现实意义。例如，解放用户理念也可以进一步应用到构建新发展格局和实现碳达峰、碳中和目标等领域，解决其中面临的一些重要问题。

　　当今世界正处于百年未有之大变局，我国正处于中华民族伟大复兴关键时期。以习近平同志为核心的党中央着眼两个大局，提出了构建新发展格局的战略抉择。新发展格局是事关全局的系统性深层次变革，对我国"十四五"时期乃至更长一个时期的发展都具有极其重要的指导意义。

　　碳达峰、碳中和是事关中华民族永续发展和构建人类命运共同体的关键进程。习近平总书记在中央财经委员会第九次会议上指出，碳达峰、碳中和关键在于能源绿色低碳发展，构建清洁低碳安全高效的能源体系。这是继"四个革命、一个合作"能源安全新战略后，对能源电力领域提出的重大改革要求。

　　展望篇从宏观视角展望解放用户理念在构建新发展格局和实现碳达峰、碳中和目标中的拓展运用。一方面，以扩大内需这一新发展格局的战略基点作为切入点，阐述实现供需更高水平动态均衡对扩大内需、释放消费潜能的重要意义，以及如何运用解放用户理念促进供需之间实现更高水平动态均衡。另一方面，阐述碳达峰、碳中和目标下推动能源绿色低碳发展和构建新型电力系统的重要作用，以及如何运用解放用户理念解除能源用户面临的束缚，共同推进碳达峰、碳中和目标实现。

第九章

解放用户理念的应用展望

构建新发展格局的战略基点在于扩大内需，进一步强化消费驱动的作用，然而供需之间尚未实现更高水平动态均衡，阻碍了消费潜能的进一步释放。实现碳达峰、碳中和目标关键在于能源绿色低碳发展，但用能观念受束缚等多重问题导致绿色用能需求难以得到满足，碳减排的潜能也未充分释放。通过运用解放用户的理念内核和相关方法论，可以"以点带面"解决上述构建新发展格局和实现碳达峰、碳中和目标过程中所面临的关键性问题，助推新发展格局形成和碳达峰、碳中和目标实现。

第一节
以解放用户理念助推构建新发展格局

一、构建新发展格局基点在于扩大内需

改革开放以来，我国在国民收入水平低和国内需求规模不足的情况下，选择了发展外向型经济，充分利用国内、国际两个市

场、两种资源，实现经济的持续快速增长。然而，随着新一轮科技革命和产业革命的推进，以及全球政治经济局势的变化，我国面临的发展形势出现了新的变化。从国际看，当今世界正面临百年未有之大变局，国际力量对比深刻调整，全球范围内单边主义、保护主义、极端主义等逆全球化表现抬头，新冠肺炎疫情这一"黑天鹅"事件进一步加速了百年大变局的演变。从国内看，我国经济已由高速增长阶段转向高质量发展阶段，在经历了40余年的快速增长后，我国已成为全球第二大经济体，迈入了中等收入国家行列，工业体系逐步发展完善，消费市场逐步培育壮大，为转向高质量发展奠定了基础条件。但我国发展不平衡、不充分，核心技术、创新能力不足，区域及城乡发展不均衡，国内需求尚未充分释放等问题仍然突出，需要进一步打通生产、分配、流通、消费环节的堵点和梗阻，推动国民经济形成良性循环。

在此背景下，我国提出构建以国内大循环为主体、国内国际双循环相互促进的新发展格局。以国内大循环为主体，正是新发展格局赋予双循环的新特征，即必须调整我国的外向型经济发展模式，向内需增长型经济发展，将扩大内需作为新发展格局的战略基点。新发展格局下的"扩大内需"，具有三个层次的具体含义。

其一，扩大内需的同时要坚持对外开放。我国必须积极扩大内需，构建强大国内市场，保持经济平稳运行，从而应对复杂多变的国际环境带来的挑战。但以扩大内需为战略基点，并不是要闭关锁国、主动脱钩，而是要坚持对外开放，并且进一步扩大高水平对外开放，打造我国"世界工厂+世界市场"的国际分工合作新定位，提高我国产业链供应链的稳定性和竞争力。

其二，扩大内需要与深化供给侧结构性改革有机结合。新发展格局下的"扩大内需"并非单纯地扩大需求总量，其新意与深意在于与深化供给侧结构性改革有机结合。我国当前经济运行的主要矛盾仍是供给侧结构问题，而需求侧方面有效需求不足、结构性错配等问题，制约了供给侧结构性改革的进一步深入。因此，扩大内需必须继续抓住供给侧结构性改革这个主线，形成更高水平的供需动态均衡。

其三，扩大内需要进一步强化消费驱动的作用。出口、投资、消费被称为拉动经济增长的"三驾马车"。长期以来，我国实行"高储蓄率、高投资率和低消费率"的投资驱动型经济发展模式，促进我国经济实现高速增长，但这种模式在现阶段已经难以为继。一方面，高投资必然会相应抑制消费，在当前的国际形势下，已经难以依靠疲软的外需维持较高的总需求，这势必会进一步加剧供给侧结构性矛盾和供需失衡。另一方面，高投资将导致投资效率下降，投资边际效益递减，造成资源浪费和资产配置扭曲。因此，新发展格局下的需求侧改革要从投资驱动主导转向消费驱动主导，提高消费需求比例，通过挖掘消费潜力扩大有效需求。

二、供需之间要实现更高水平的动态均衡

从供需两端看，我国已经具备了建立强大国内市场的必要条

件。供给方面，我国已是世界制造业第一大国，拥有规模最大、最完整的工业体系，拥有39个工业大类、191个中类、525个小类，是全世界唯一拥有联合国产业分类中全部工业门类的国家。需求方面，我国已是全球数一数二的商品消费大国，拥有由14亿人口和4亿中等收入群体构成的潜力巨大、需求多样的国内消费市场。事实上，自2011年起，消费的拉动作用已经逐渐超过投资和出口，成为我国经济增长的最主要动力。但是，我国的最终消费占比仍显著低于其他发达经济体，2019年我国政府部分消费在GDP中占比约14%，与美国、韩国基本接近，低于日本和欧元区，而居民部分最终消费占比仅39%，远低于其他国家和地区50%以上的占比，这就意味着我国仍存在大量消费潜能等待释放。

当前，促进消费潜能释放的关键就是在供需之间实现更高水平的动态均衡。供需之间更高水平的动态均衡不仅需要供给总量与需求总量相匹配，更需要供给结构与需求结构相平衡，这样消费需求才能得到满足，消费潜能才能得到最终释放。近年来，我国大力推动供给侧结构性改革，供给和需求的结构性均衡问题取得了一定进展，但仍有部分已有的消费需求无法通过国内的供给获得满足，潜在的消费需求也难以通过国内的供给予以激活，对以消费为驱动扩大内需形成了阻碍，成为当前国内大循环中的堵点之一。实现供给和需求更高水平动态均衡，进一步促进消费潜能释放，不仅需要推动供需匹配更加精准，解决供需结构性错配问题，还需要推动供需匹配更加畅通，解决供需匹配手段不足、效率不高的问题。

（一）供需匹配更加精准

实现更高水平的供需动态均衡，需要进一步提高供需匹配精准程度。在国内现有供应体系下，满足我国消费需求的有效供给仍存在不足，本质上仍然是供给侧结构问题。我国长期以来实行外向型经济发展模式，导致供给体系与国内需求适配性较弱。随着居民生活水平提高，我国消费者对于高质量产品和服务需求持续扩大，而国内现有供应体系的产品服务和质量难以满足我国消费需求，最终导致大量"需求外溢"，消费能力严重外流。一方面，我国低端消费品产能过剩，衣物纺织品、五金等普通商品和家用电器、电子产品等耐用消费品均出现了供过于求现象。同质商品的投资和生产有增无减，商品库存不断增加，厂商价格竞争严重。另一方面，居民海外消费热情高涨，境外高端消费更是与日俱增。2015年我国居民境外奢侈品消费总量为910亿美元，到新冠肺炎疫情暴发前的2019年进一步上升至1052亿美元，占当年全球奢侈品消费总额的27.6%，远超美国和欧洲消费者。因此，推动我国的供给体系与消费需求进一步精准匹配，是推动我国消费潜力释放、扩大有效内需的根本措施。

（二）供需匹配更加高效

建立更高水平的供需动态均衡，需要进一步提高供需匹配效率水平。当前，国内现有流通体系现代化水平仍有待提升，供需之间的匹配手段仍存在短板，匹配效率仍有待提高，部分消费需求无法顺畅对接至相应的有效供给。一方面，现有的流通体系未对社会经济形成系统覆盖，供应流通体系建设存在薄弱环节和盲点，特别是城乡流通体系发展不均衡，导致供给和需求匹配手段不足。部分区域和城乡供给存在与之相匹配的消费需求，却无法通过有效的流通体系实现对接，近年来频繁发生的农产品滞销事件就是一个典型的例证。另一方面，供应流通体系建设的质量仍有待进一步提升。目前供应物流体系仍处于粗放型发展阶段，智能化、数字化、标准化发展水平不高，导致供给和需求匹配效率距离现代化要求仍有一定差距，阻碍了国内大循环的高效流转。因此，除了提升供需匹配精准程度，还需要进一步提高供需匹配的畅通程度，提高供需匹配效率，为国内大循环注入源源不断的动力。

三、解放用户理念在构建新发展格局的应用

企业以高质量发展供给，在供需平衡中实现用户选择自由、体验愉悦，实现社会价值最大化，实际上就是新发展格局中供给和需求更高水平动态均衡的微观缩影。在前述篇章中，解放用户理念回答了企业如何实现这一目标的路径问题，即坚持用户主体地位，通过洞察用户需求，为用户创造价值，从而实现价值共创。解放用户的理念内核和相关方法论，也可以在更宏大的视角下，为新发展格

局下如何实现供给和需求更高水平的动态均衡提供借鉴和参考。

解放用户理念的核心要旨之一是生产方式从单边生产向价值共创转变。当企业坚持用户思维，聚焦用户价值，并与用户共同创造并实现价值时，自然也就完成了企业和用户的高度匹配。放大到宏观视野，以解放用户理念促进供需精准匹配，就是要改变我国外向型经济模式下"供给什么就消费什么"这种需求单边被动适应供给的情况，以满足人民对美好生活的向往为出发点，在供需之间建立从单边走向双边的深层次互动关系。

具体而言，从解放用户的用户价值体系出发，用户价值实现的核心在于通过精准把握用户需求发现价值，创新用户共创模式创造价值。映射到新发展格局中，具有三层含义。首先，供给要以需求为导向，进一步扩大有效供给水平，这是以解放用户理念促进供需更高水平动态均衡的基本遵循。其次，供给并非停留在简单的"消费什么就供给什么"，而是要洞察、挖掘并满足潜在的消费需求，创造新的消费热点和增长点，这是以解放用户理念促进供需更高水平动态均衡的核心要点。最后，还要充分发挥消费主体的主观能动性，加深消费主体与供给之间的互动，这是以解放用户理念促进供需更高水平动态均衡的创新途径。

（一）以消费需求为导向牵引供给

解放用户理念中，企业要为用户创造价值，以用户需求为导向开展生产活动。映射到新发展格局中，就是以需求为导向，特别是以最终的消费需求为导向，牵引供给结构转型。假如供给侧不以消费需求为导向，那么供给侧结构性改革将会偏离正确的方向，催生更多的结构错配问题。这也是以解放用户理念促进供需更高水平动态均衡的基本遵循。当商品经济处于不发达阶段，消费需求主要反映的是消费者的功能性需求。随着社会生产力的不断发展，消费需求逐渐从低层次向高层次发展，反映出消费者的情感性需求和社会性需求。传统商业市场中，市场需求并不总是等同于消费需求，例如廉价的塑料制品更受市场欢迎，但是生活品质的提升不断促使人们保护自然环境的意识觉醒，因此，经济成本更高的可降解材料制品反而成为现代人的消费需求。

以需求为导向牵引供给，必须牢牢把握新发展格局下最终消费需求的变化形势。随着社会生产力水平持续提升，居民可支配收入水平不断提高，消费观念逐步转变，消费需求从单一化向多元化发展。在这种形势下，更有必要从更高维度运用解放用户理念中价值发现的相关工具，精准把握消费需求变化趋势，以此推动供给结构转型，实现供需精准匹配。

用户画像是用户需求分析的重要工具之一，也可以应用于整体的消费需求分析。从统计数据看，我国消费群体呈现分化趋势。一是以一二线城市居民为代表组成的4亿中等规模收入人群，其需求继续向个性化与品质化方向发展，发展型和享受型消费占比持续增加。二是以三四线城市以及农村为代表的消费群体，巨大的下沉市场孕育了庞大的消费需求，2020年农村居民人均消费支出实际增速比城镇居民超出2.6个百分点。因此，以需求为导向牵引供给，就要根据当前消费需求的分层趋势，构建多样化的供给体系。一方面要增加高品质产品及服务供给，满足消费主体更高层次的消费需求，提振消费者对国内产品的信心，减少消费外溢；另一方面要深挖下沉市场的需求潜力，推动本土品牌和本土产品下县、下乡、下村，构建三四线城市及农村的消费新生态。

以需求为导向牵引供给，还要提高供给对消费需求变化的响应速度。在传统的经济循环中，供给和需求必须通过多轮反馈后才能进行相互匹配。在此过程中，由于生产周期等原因，供给调整往往落后于需求变化，造成供不应求和供过于求现象周期性发生，市场价格剧烈波动，对供给和消费主体都造成损失。随着消费需求日益多元化，供给更迫切需要提高对需求变化的响应速度，否则"以需求牵引供给"时，供给结构调整永远会落后于消费需求变化，供需之间也难以实现更高水平的动态均衡。

数字赋能是提高供给对消费需求变化响应速度的关键手段。相较于传统实体经济，"互联网+"经济模式实现了供给和需求的无缝对接，极大提高了供给和需求匹配的速度，有助于熨平市场周期波动，实现供给和需求更高水平的动态均衡。除此之外，通过大数据分析、人工智能技术和实体经济的深度融合，可以提前预判和掌握消费需求的变化趋势，提前或实时对供给进行调整，从而提升供需匹配效率，促进供需之间实现更高水平的动态均衡。

> ### 大数据指导农产品生产
>
> 　　近年来，由于农产品供给侧和需求侧的信息不对称，导致农业生产调整落后于消费需求变化，供不应求、供过于求周期循环，催生了"蒜你狠""蒜你完"等价格暴涨和暴跌现象，对农民群体和消费者都造成了严重损失。为了解决上述问题，我国河北、山东等多地开展了农产品大数据平台建设，利用大数据技术预测市场供需变化情况，引导市场预期和指导农业生产，从而熨平农产品的生产周期，为促进农产品供需动态均衡、助力乡村振兴提供了强有力的支持。

（二）以供给创新为驱动创造需求

　　促进供需之间的精准匹配，不能仅以需求牵引供给，否则供给和需求仍停留在简单的单边关系上，供给转型将永远落后于消费需求变化，遑论实现供给与需求之间更高水平的动态均衡。在解放用户理念中，价值发现需要企业洞察用户需求，所谓洞察就是不能停留在用户的显性需求上，还要挖掘用户的隐性需求。映射到新发展格局下，就是供给不仅要以需求为导向进行结构转型，还要进一步引领和创造新的消费需求。这也是以解放用户理念促进供需更高水平动态均衡的核心要点。

　　引领和创造新需求，并不是通过供给侧凭空臆想和捏造新的需求，而是需要牢牢把握新时代下"人民对美好生活的向往"这一本质，挖掘广大人民群众没有提出的、潜在的和深层次的消费需求。例如，在移动支付诞生前，人们生活消费的支付方式更多是采用现金或银行卡，但人们对于更快速、更高效的支付方式有着更深层次需求，因此移动支付自面世后就迅速普及。只要牢牢把握这一本质，就能够洞察和挖掘需求，解放消费主体对自身需求认知的"束缚"，形成新的消费热点和增长点。

引领和创造新需求，必须以创新作为驱动。创新既是新发展理念的内在要求，也是经济循环的加速器。引领和创造新需求要以创新为驱动，依托科技创新、管理创新、服务创新和商业模式创新激发消费主体的潜在需求，培育新兴需求，打造新的消费增长点，进一步夯实和做强内需市场。以新供给引导创造新需求，将持续为国内大循环提供最为稳定、持久的动力，为我国应对复杂变化的外部环境奠定坚实基础。

5G技术的内需驱动力

2020年，我国累计建成5G基站超过71.8万个，约占全球的70%，占据全球70%的5G用户，我国在5G技术的发展应用上已在全球建立优势。我国之所以重视5G技术发展，原因在于5G技术不单单是通信技术的革命，更是一场产业的革命。

5G应用将激发新型消费，加快商用进程，直接推动5G手机、智能家居等终端消费，培育诸如超高清（4K/8K）视频、虚拟现实/增强现实（VR/AR）等新型服务消费。同时，5G技术将加速经济社会数字化、网络化、智能化发展步伐，在社会经济多个领域提升消费产品和服务质量，形成新的消费模式，创造新的消费热点，激发居民新的消费热情。

（三）加强供给与需求的深层互动

解放用户理念不仅强调企业为用户创造价值，还强调用户参与价值创造。映射到新发展格局下进行应用，就是要加强供给与消费主体之间的交互性，充分发挥消费主体的主观能动性，推动实现供需更高水平的动态均衡。这也是以解放用户理念促进供需精准匹配的创新途径。

加强供给与需求的深层次互动，主要方式是创新供给模式。鼓励并引导消费主体主动提出多元化消费需求，并将其需求内嵌到生产、分配、流通的各个环节当中，进一步加深供需之间的互动。消费个体通过共同设计、共同生产、共同营销等方式，成为供给环节中的一个关键生产要素，促进供需之间的深度融合。这种模式的典型代表就是去规模化经济。在传统的供给模式中，由于规模经济效应的存在，企业往往采用要素集约化的生产模式，供给环节存在比较强的技术壁垒和经济壁垒，消费主体难以直接参与。但是，随着技术进步和市场细分，规模经济效应已逐渐减弱，消费主体，尤其是消费个体在数字化技术的支持下已经具备参与到供给环节的条件，去规模化经济存在巨大的发展潜力。通过消费主体的主动参与，供给可以和需求更加紧密地结合起来，消费主体参与的供给也必然是消费主体所需求的有效供给，供需也可以实现更加精准的匹配。

个性化定制市场

个性化定制市场是去规模化经济的重要组成部分。随着消费主力人群逐步向"90后"甚至是"Z世代"的"00后"变迁，个性化消费更加普及，消费群体更加乐于表达自我，推动消费市场走向细化和小众化，个性化定制市场规模逐步扩大。移动互联网、3D打印、物联网等技术的成熟，也对个性化定制市场的蓬勃发展提供了助力。个性化定制市场的典型代表是家具和服装领域，相关统计显示，家具和服装领域的国内定制市场规模在2018年均已超千亿元。除此之外，视频内容、金融、医疗等其他消费领域，也开始涌现个性化定制的潮流，个性化定制市场存在广阔的发展潜力。

加强供给与需求的深层互动，关键支撑是数字赋能。解放用户理念提出通过数字赋能使企业与用户之间无缝对接和交互。在新发展格局下，为了实现供需更高水平的动态均衡，同样需要进行数字赋能。一方面，通过物联网、大数据、云计算、人工智能等数字化技术与实体经济的深层融合，消费主体即便没有直接参与到供给环节中，其消费行为所产生的海量数据也可以通过数字化技术转化为供给侧的重要生产要素，从而间接参与到供给环节中，进一步加深供需交互。另一方面，利用互联网平台和直播带货等数字经济模式，还能解决供给和需求的信息不对称问题，将供给和需求在更大范围、更紧密地联系起来，进一步实现供需深层互动。数字经济模式可以将供需匹配的触角延伸到实体经济难以触及的角落，将偏远和农村地区的供给和消费需求进行有效对接，使供给走得出、消费进得来，扩大供给和需求的联系范围；数字经济模式还可以有效缩短供应链，拉近供应侧与消费侧的距离，生产者和消费者可以点对点、面对面直接互动，强化供给和需求的联系紧密程度。

带货经济加深供需深层互动

据统计，2020 年，中国国内在线直播的用户规模超过 5.26 亿人，直播电商销售规模达到 10000 亿元的数量级，约占国内网络零售规模的 1/10。一方面，"直播带货"模式显著缩短了供应链条，拉近了供应侧与消费侧的距离，加强了供需交互，极大地提升了供需匹配的速度，为推动经济循环注入强劲动力。另一方面，"直播带货"模式成为地方特产和农产品新的销售渠道，除了网络红人、明星群体，也有地方官员参与"直播带货"，将偏远地区和农村供给直接对接到了相应的城市消费群体，提高了农民群体的收入水平，有力助推乡村振兴战略。

第二节
以解放用户理念助推实现碳达峰、碳中和

一、碳达峰、碳中和关键在于能源绿色低碳发展

"环球同此凉热"，是毛泽东在《念奴娇·昆仑》一词中对大同世界的描述。在当前的时代背景下，更是直观展现了人类命运在气候变化过程中的休戚与共。进入工业时代以来，人类碳排放活动急剧增加，由此造成的温室效应及其灾难性的连锁反应，使得碳减排成为当今全体人类必须正视的焦点议题。

为应对气候变化、环境风险挑战和能源资源约束等日益严峻的全球问题，已有超过120个国家做出"碳中和"承诺。2020年9月，我国正式提出碳达峰、碳中和目标，即"二氧化碳排放力争于2030年达到峰值，努力争取2060年前实现碳中和"。碳达峰、

碳中和目标的提出，正是党中央在气候变化背景下，从广大人民群众的根本利益出发，经过深思熟虑作出的重大战略决策和庄严承诺。

碳达峰、碳中和目标事关中华民族永续发展和构建人类命运共同体，蕴含着深远的经济价值、社会价值和生态价值。"绿水青山就是金山银山"，碳达峰、碳中和是新发展阶段下人民对美好生活向往的直接体现，是全体社会成员共同追求的价值目标。正因如此，碳达峰、碳中和离不开全体社会成员的共同参与，碳达峰、碳中和实现的进程就是全体社会成员价值共创的过程。全社会从生产到消费的所有环节都需要共同推进实施降碳乃至脱碳，从源头推动经济结构、产业结构和能源结构的根本转型，这也意味全社会的生产方式和生活方式都要进行改造和重塑，碳达峰、碳中和将是一场广泛而深刻的经济社会系统性变革。

在所有经济社会活动中，能源消费是产生碳排放的主要来源。2020年，我国能源消费产生的二氧化碳排放量占到碳排放总量的88%以上。因此，在碳达峰、碳中和这场广泛而深刻的经济社会系统性变革中，率先推动能源变革，实现能源绿色低碳发展，是破局的关键所在。自党的十八大以来我国提出"四个革命、一个合作"能源安全新战略以来，我国能源结构已经逐步启动绿色转型，化石能源占比逐年下降，清洁能源和非化石能源占比逐年上升。其中，煤炭占能源消费总量已由2012年的68.5%下降至2020年的56.3%，非化石能源占能源消费总量已由2012年的9.7%

上升至2020年的15.7%。但总体而言，受我国能源资源禀赋的影响，我国的能源结构仍以化石能源为主，其中以煤炭占比最为突出，距离2030年实现碳达峰、2060年实现碳中和目标仍有相当大的距离，加快推动能源绿色低碳发展具有现实的重要性和紧迫性。

为此，党中央明确提出，"十四五"是碳达峰的关键期、窗口期，要构建清洁、低碳、安全、高效的能源体系，控制化石能源总量，着力提高利用效能，实施可再生能源替代行动，深化电力体制改革，构建以新能源为主的新型电力系统，为碳达峰、碳中和背景下进一步推动能源绿色低碳发展指明了方向。

二、以新能源为主体的新型电力系统是重要路径

践行碳达峰、碳中和战略，能源是主战场，电力是主力军。当前，能源消费的碳排放主要集中在电力、工业、交通和建筑四个重点领域。统计数据显示，2020年电力部门碳排放量占比约为42.5%。电力作为我国碳排放占比最大的单一行业，其减排进程将直接影响碳达峰、碳中和整体进程。在工业、交通和建筑等其他领域推进碳减排时，基于可再生能源发电的电能替代将是重要手段。而在大中型水电开发空间有限的情况下，必须大力发展新能源，提高新能源的消纳和存储能力，打造更加灵活高效的能源资源优化配置平台。因此，以能源绿色低碳发展引领碳达峰、碳中和目标实现，重中之重就是构建以新能源为主体的新型电力系统。

以构建新能源为主体的新型电力系统作为重要路径，推动能源

绿色低碳发展，进而实现碳达峰、碳中和目标的实现，必须继续推动能源供给侧结构调整，大幅提高新能源比例。截至2020年底，我国风电和光伏发电累计装机容量达5.3亿千瓦，占全国总装机容量的24%；2020年我国风电和光伏发电量达0.7万亿千瓦时，占全国总发电量的9.5%。按照"到2030年，非化石能源占一次能源消费比重将达到25%左右、非化石能源发电量占全部发电量的比重力争达到50%"的目标预测，2030年我国风电、光伏装机将达15亿至17亿千瓦，发电量将超过2.7万亿千瓦时。据此计算，未来十年间我国风电和光伏装机容量和发电量将进入年增速10%以上的持续增长阶段。新能源的持续大规模发展将成为推进碳达峰、碳中和过程中能源供给结构改革的显著特征，这也要求作为电力系统枢纽的电网必须向适应大规模新能源接入的新形态发展，进一步提高坚强性和灵活性，向安全、可靠、绿色、高效、智能的现代化电网发展。

与此同时，以构建新能源为主体的新型电力系统引领能源绿色低碳发展，并不是能源供给侧的"独角戏"，也需要能源需求侧进行变革。能源用户作为能源最终消费环节载体，是实现碳达峰、碳中和目标的关键责任和实施主体。其用多少能、用什么能、怎么用能都将对推动碳达峰、碳中和进程产生重大影响。

能源需求侧的变革可以分为两个方面。一方面是用能方式发生转换。在其他能源转换技术成熟前，依托以新能源为主体的新型电力系统继续推行电能替代，将是能源消费绿色转型的关键手段。在工业、建筑、交通等能源消费重点领域乃至全社会的生产生活中推行以电代煤、以电代油、以电代气、以电代柴，对碳达峰、碳中和目标实现至关重要。根据初步测算，工业、建筑、交通三大领域终端用能电气化水平将从目前的30%、30%和5%提升至2060年的约50%、75%和50%，电能替代仍存在巨大的潜能等待释放。另一方面是用能效率提升。在新发展格局下，我国经济仍将保持平稳运行，能源需求侧的用能需求也将保持持续增长。但是，在碳达峰、碳中和背景下，不断增长的用能需求面临着能源消费总量控制和用能成本上升的挑战，而平衡发展和减排之间的关系，最好的方式就是提升能源消费终端的用能效率。

除了供给侧和需求侧各自的变革之外，二者之间的关系也将发生变化。一方面是能源供给和需求之间的边界模糊。在传统的能源生态系统中，生产者和消费者相互独立，有清晰的边界。随着分布式风电、光伏的大规模接入和储能技术的进一步应用，更多的能源用户将向"产消一体化"的能源产消者演变，能源产消者将根据自身分布式电源的出力情况和自身的负荷情况，灵活地在生产者和消费者之间进行转换。另一方面是能源供给和需求的互动加深。在以煤电等化石能源为主的传统能源系统中，遵循的是"源随荷动"的组织关系。煤电等常规发电机组可以进行精准控制，而能源用户的用电行为难以把握。因此，必须首先对能源用户的需求进行短期准确预测，之后通过控制能源供给商的供给进行精准匹配，从而维持供需实时平衡。而在以新能源为主体的新型电力系统中，供需之间将重构为"源荷互动"的组织关系：

集中式风电、光伏大规模接入后，其特有的波动性、间歇性和不确定性，将使得能源供给不再精确可控；分布式风电、光伏的快速增长，也加大了能源用户的负荷预测难度。"源随荷动"的组织关系无法适用于以新能源为主体的新型电力系统，供给侧和需求侧之间呈现更加复杂的动态均衡关系。

三、碳达峰、碳中和进程中能源用户面临的挑战

能源用户在推进碳达峰、碳中和目标实现过程中扮演着关键角色。能源用户不单指直接消费能源的组织和个体。从更广泛的视角看，现代经济社会中所有经济社会活动都离不开能源要素的支持。这也意味着所有的组织和个体都是能源的直接或间接消费者，都具有能源用户的标签。但能源用户在参与碳达峰、碳中和的过程中，仍面临着相当程度的阻碍，具体表现为能源用户的用能观念、满足能源用户用能需求的生产力和创造活力都受到不同程度的束缚。

（一）绿色用能的主观意愿受到束缚

实现碳达峰、碳中和目标，必须树立绿色用能观念，然而当前能源用户的用能观念仍普遍停留在以经济成本为导向的用能观念上，绿色用能的主动意识不强。这是由多方面的因素共同造成的。一方面，近年来我国能源尤其是电力处于供需较为宽松的状态，能源的稀缺价值未能得到充分体现，用户节能意识和能效观念较为薄弱。另一方面，我国的能源发展长期以来处于粗放式模

式，能源生产和消费的外部环境成本没有实现内在化，低碳能源消费所产生的生态价值和社会价值没有充分体现。诸多原因造成能源用户只关注用能的基本需求，即只要用上能、用便宜能就行，至于是否用好能、用清洁能，并未真正成为用户用能的主要考虑因素。在碳达峰、碳中和的起步阶段，这种旧有用能观念仍存在惯性，不仅对能源用户，甚至对政府、市场都具有一定的反作用力，绿色用能观念转型仍然任重而道远。

（二）满足绿色用能需求的客观条件受到束缚

实现碳达峰、碳中和目标，除了建立能源用户绿色用能的主观意识外，还需要具备满足能源用户绿色用能需求的客观条件。但是，满足绿色用能需求仍面临生产力和创造活力方面的束缚。

一方面是满足绿色用能需求的生产力受到束缚。能源用户从用上能，到用好能、用清洁能，仍受到技术层面的制约。从能源供给的角度看，光伏发电、陆上风电正处于平价上网的过渡阶段，仍未能全面形成对传统化石能源的价格优势，而地热能、海洋能等新能源的开发利用技术尚未成熟，对能源用户用能结构的转换造成阻碍。从能源传输的角度看，能源网络的坚强性和灵活性不足，储能技术尚未形成大规模应用，新型电力系统尚在构建之中，当前电网未能满足高比例新能源和高比例电力电子设备的接入要求，也难以满足能源用户向产消者转变后能源双向乃至多向流动的技术要求。此外，氢能等其他新能源的输送管网和存储设施建设也存在短板，未能满足大规模应用的要求。从能源技术的角度看，新一轮技术革命中的"云大物移智链"等关键技术尚未和传统的能源领域实现完全融合，难以满足能源用户从一元化向个性化、精细化、差异化发展的用能需求。

另一方面是满足绿色用能需求的创造活力受到束缚。碳达峰、碳中和目标的实现离不开能源产业链乃至社会全体成员的深度参与，需要相关各方充分发挥创造活力。但是，现有体制机制对满足绿色用能需求的创造活力仍存在一定束缚。一是能源市场体系建设不完善，要素流动不畅通，新能源的市场化交易机制仍未完善，未能通过市场方式实现有效配置；碳排放权市场等相关能源衍生市场尚未成熟，未能全面反映碳减排的外部价值。这就导致满足能源用户绿色用能需求的新技术、新业态、新模式缺乏良好的孵化土壤和成长环境。二是我国能源治理长期以来处于粗放模式，与能源用户以及相关各方的互动协调不足，"一刀切"现象屡有发生，在政府与市场、发展和减排之间的关系把握上缺乏经验，对满足绿色用能需求的创造活力形成新的束缚。

四、解放用户理念在碳达峰、碳中和进程中的应用

实现碳达峰、碳中和目标，必须坚持"以人为本"，这与解放用户理念的出发点是一致的。推进碳达峰、碳中和进程，需要发挥能源用户的关键主体作用，既要激活绿色用能观念，还要满足能源用户绿色用能需求，这与解放用户的内涵要义是一致的。在

碳达峰、碳中和的进程中，进一步运用解放用户理念，有助于破除能源用户面临的多重束缚，激发能源用户的主观能动性，充分发挥能源用户的关键主体作用，让能源用户更广泛、更深刻地参与到实现碳达峰、碳中和目标的进程中。

（一）激活绿色用能观念

碳达峰、碳中和目标是从人民对美好生活的向往出发，践行"绿水青山就是金山银山"发展理念的战略选择，将为社会全体成员创造深远的生态效益。而在现代社会中，全体社会成员都具有能源用户的属性。因此，推进碳达峰、碳中和目标的实现，实际上是为能源用户创造价值。并且，这种价值是多元的，不仅包括生态效益和社会效益，而且随着风电、光伏等新能源平价上网时代的到来，也将为能源用户创造更多的经济效益。从这个角度看，能源用户是具有主动实施碳减排意愿的。但实际情况是，当前绿色用能的经济效益不明显，而生态效益和社会效益难以直接、快速地被能源用户所感知。于是，能源用户只能被动接受碳达峰、碳中和下的能源转型要求，其主观能动性无法被激活，自然无法形成良好的互动循环。因此，若能将能源用户参与碳达峰、碳中和所创造的价值更加鲜明地传递给用户，使用户可以更加充分地认识到自己的价值体现，自然可以激发用户主动参与碳减排的意愿，进而释放碳减排潜能。

激发用户主动参与碳减排意愿，可以通过加强用户对碳达峰、碳中和价值创造的主动认识实现。在推动低碳绿色转型的舆论导向下，能源用户已不再满足于在能源消费过程中仅仅实现功能价值。进一步拓展能源用户对自身参与碳减排贡献的感知方式，能源用户就能通过广告宣传、社交媒体等手段将参与碳减排的价值进一步转化为自身的情感价值。换而言之，能源用户在参与碳减排创造社会价值的同时，也实现了自身情感价值的创造，其主动参与碳减排的意愿也会被进一步激发，从而实现良好的互动循环。这种手段通常不会产生直接的经济利益。例如，推广能效标识的应用，要求产品标注生产过程中的碳排放量，记录并展示能源用户碳足迹，对绿色用能的用户颁发自愿绿色证书等。

"碳足迹"的记录与展示

碳足迹是指企业机构、活动、产品或个人通过交通运输、食品生产和消费以及各类生产过程等引起的温室气体排放的集合。对于个人而言，由于用能行为的分散性，其碳足迹的测算无法被准确测算，必须利用大数据手段进行获取。

目前，已有部分手机应用部分实现了对个人碳足迹的记录。通过记录用户步行、地铁出行、在线缴纳水电煤气费、网上缴交通罚单、网络挂号、网络购票等行为，换算得出上述行为相应减少的碳排放量，并鼓励用户在社交媒体上进行展示和互动。

　　激发能源用户主动参与碳减排意愿，也可以通过强化用户对碳达峰、碳中和价值的被动感知实现。这一手段的关键是通过激励约束机制将碳减排的外部价值内在化，能源用户参与碳减排所创造的生态效益和社会效益，将转化为更加直观可感的经济效益。这就相当于能源用户在参与碳减排创造社会价值的同时，也实现了自身功能价值的创造。能源用户是否参与碳减排，将切切实实关系到自身的经济利益，由此激发能源用户参与碳减排的主动意愿。这种手段通常具有较强的激励约束效果。例如，建立碳排放权市场、征收碳税、实行差异化的用能机制等。

碳排放权市场

　　碳排放权交易市场是将一定时间和空间范围内许可的碳排放总量以配额形式分配给排放主体，并允许碳排放权益作为商品进行交易的市场机制。建设碳排放权交易市场一方面实现了外部环境成本的市场化发现，为外部成本内部化创造了基础条件；另一方面通过排放主体之间排放权益的市场化流转，将能自动发现低成本的减碳方案和路径。此外，通过调整主体准入、初始权益分配等，可便利地实现对碳减排强度、进程等进行灵活控制，丰富了碳减排政策工具。

　　当前，我国已在8个省市开展碳排放权交易试点，试点碳排放权交易市场成交量全球第二。碳达峰、碳中和目标提出后，碳排放权市场将进入加速阶段，全国碳排放权市场建设提速，碳排放权交易覆盖范围也将从发电行业起步逐步覆盖电力、石化、化工、建材、钢铁、有色、造纸、航空等高耗能行业。

（二）满足绿色用能需求

推进碳达峰、碳中和，满足绿色用能需求，依靠单一企业、单一主体的单打独斗是远远无法实现的。能源产业链从生产、传输到消费的同步转型，市场的有效配置，政策的有力保障，每个环节的短板或不足都会造成绿色用能需求无法得到满足。因此，切实满足用户的绿色用能需求，必须依托生态体系的形式，即推动更广泛的企业、政府、社会组织等多方主体共同参与，形成理念一致、优势互补的新型能源生态系统，通过持续解放和发展生产力、社会创造活力，实现生态体系价值向社会环境价值、自然环境价值外溢，共同满足碳达峰、碳中和目标下能源用户的绿色用能需求。

满足绿色用能需求是新型能源生态系统的关键依归。按照解放用户的理念，"用户价值"将是构建生态体系核心所在，是伙伴成员的共同目标，也是连接伙伴成员的桥梁。在碳达峰、碳中和背景下，满足能源用户的绿色用能需求则是新型能源生态体系多元伙伴的共同目标。一是伙伴成员在满足绿色用能需求的理念上达成共识。统一的共识、合作的意愿是构建生态体系的基础，伙伴成员应该充分认识碳达峰、碳中和目标的多元价值，充分认识满足绿色用能需求是企业生产运营的着力点，充分认识合作共赢在推动低碳发展中的重要地位。二是伙伴成员在满足绿色用能需求的能力上要形成优势互补。能源生态系统各伙伴成员之间在资源、技术、渠道等层面各有差异，只有扬长避短，将各方的优势能力有机整合才能实现规模效益，达到"一加一大于二"的效果。例如，构建新能源为主体的新型电力系统过程中，就可以通过"风光储一体化"建设充分发挥储能的调节能力，缓解新能源的不稳定性，从而提升风电、光伏发电的消纳水平，减少能源生产的二氧化碳的排放量，为终端用户提供了更为清洁能源服务。

跨界多元、合作共生是新型能源生态系统的重要特征。一是能源生态系统成员更多元化。传统的能源产业链包括上游的能源供给商、中游的能源网络运营商、下游的加工销售和综合能源服务公司以及相关设备厂商等。然而，随着科技和商业模式不断创新，新兴业务向能源市场不断延伸、渗透，能源行业与交通、通信、信息、金融和公共服务等行业的交互日趋频繁，相互之间边界日渐模糊。因此，新型能源生态系统不仅包括传统的能源产业链，还要实现与大数据供应商、通讯服务商、金融机构的融合，共同创造能源用户的绿色用能价值。二是伙伴成员呈现合作共生关系。在新型能源生态系统中，各伙伴成员均相互影响、相互作用，各自利益之间存在密切的关系。构建合作共生关系的关键在于发挥电网企业等基石型企业的作用，在理念层面需率先建立碳减排的观念，由此引导产业链、价值链上下游共同实现碳达峰、碳中和，形成共同为用户创造价值的价值取向；在能力层面充分发挥核心枢纽作用，提供公开、透明的信息以及公平、高效、便利的增值服务，与伙伴成员共同创造市场价值，拓展生态空间，促进各市场主体互利共生、协同发展。

多方高度协同是新型能源生态系统满足绿色用能需求的有力抓手。以构建新能源为主体的新型电力系统作为重要路径推动实现碳达峰、碳中和目标，尤其需要多方在规划、建设和运行层面实现高度协同，以应对新能源随机性、波动性和间歇性以及新能源大规模并网后电力系统呈现的高度电力电子化特征对能源电力安全带来的挑战。一是规划高度协同。加强传统化石能源与新能源协同发展规划，在逐步提高新能源比例的同时，充分发挥传统化石能源调节能力，确保能源供应安全；加强源网荷的协同规划，精细化规划源、网、荷配套规模和建设时序，及时满足绿色用能需求。二是建设高度协同。能源供给商既需要全力推动新能源发展，加速进入风电、光伏平价上网时代，降低绿色用能成本；还需要开展新能源配套储能建设和传统火电机组灵活性改造，减少新能源大规模接入对能源网络带来的运行压力。能源网络运营商要尽快提高电网的坚强性和灵活性，构建适应大规模新能源接入的坚强可靠主网架、柔性配网和新型电力系统智能调度体系；推动电网、天然气管网、绿氢传输网、热力网、交通运输网和信息通信网高度融合，满足多元化的用能需求。用能侧实施"新电气化"改造，在工业领域推广电锅炉、电窑炉、电灌溉等成熟领域的电能替代改造；在交通领域加快发展新能源汽车，加快充电基础设施建设；在建筑领域通过发展屋顶光伏等方式，实现建筑光伏一体化；同时，推进需求侧响应能力建设，深入挖掘弹性负荷、虚拟电厂等灵活调节资源。三是运行高度协同。建立多能协同运行和源网荷储协同运行机制，推动能源供应链的有效衔接，实现能源生产和消费双向互动。充分发挥能源网络运营商特别是电网企业在能源产业链的"链长"作用，构建高效、智慧的调度运行体系，为能源用户的绿色用能提供系统安全保障。

南方电网公司积极推进氢能源研发应用

2020年，南方电网公司在广州成立了氢能源研究中心，联合国内外顶尖机构开展电解水制氢、储氢、燃料电池发电等关键技术研究，积极推进示范项目建设，探索氢能在电网、分布式发电、应急备用等领域的应用，推动解决清洁能源消纳问题、构建以新能源为主体的新型电力系统。其中，在广州南沙大力推进"多位一体"微能源网中国—芬兰合作项目，重点推动高效率兆瓦级固体氧化物燃料电池等技术的研发应用，打造国际领先的智慧园区综合能源及碳中和示范，切实满足用户对清洁能源、绿色电力的需求。2021年4月，公司被评选为中欧能源技术创新合作氢能领域的牵头单位，并在第十届中德经济技术合作论坛两国总理视频见面会上进行了代表发言，接下来将充分发挥统筹作用，加强与国内外相关方的技术合作与协同创新，共同推动能源电力绿色低碳转型，助力实现"碳达峰、碳中和"目标。

数字化技术是新型能源生态系统满足绿色用能需求的核心驱动力。数据是新型能源生态系统的核心生产要素，运用数字化技术，可以打通源网荷储各环节信息，能源供给侧实现"全面可观、精确可测、高度可控"，能源网络形成云边融合的调控体系，用能侧有效聚合海量可调节资源支撑实时动态响应，实现新型能源生态系统安全稳定运行和资源大范围优化配置，推动新型能源生态系统相关各方开放合作、互利共生、创新协作。数字电网是数字化技术在新型能源生态系统的典型应用。

数字电网

数字电网以云计算、大数据、物联网、移动互联网、人工智能、区块链等新一代数字技术为核心驱动力，以数据为关键生产要素，以现代电力能源网络与新一代信息网络为基础，通过数字技术与能源企业业务、管理深度融合，不断提高数字化、网络化、智能化水平，具有灵活性、开放性、交互性、经济型、共享性等特征，使电网更加安全、可靠、绿色、高效、智能，是碳达峰、碳中和背景下承载以新能源为主体的新型电力系统的最佳形态。

有为政府和有效市场是新型能源生态系统满足绿色用能需求的坚强保障。一是以政策为保障。激励与约束并举，一方面要加大政策扶持力度，降低用户用能升级转型的成本，并为服务用户碳减排的新技术、新产品、新业态、新模式的孵化提供良好的政策环境；另一方面，兼顾严格落实能源"双控"目标和满足新发展格局下我国经济平稳健康可持续发展下的用能需求，处理好发展和减排、整体和局部、短期和中长期的关系，实施更加精细化、差异化、科学化的能源治理模式。二是以市场为引导。深化能源电力市场化改革，建立更大范围的能源电力市场，实现能源要素在更大范围的畅通流动。完善能源电力市场体系，建立新能源、需求侧资源参与市场的交易机制和传统化石能源的市场化退出机制，探索建立容量市场和电力金融市场，通过市场化方式实现能源转型过程中能源产业链、价值链上下游及相关各方的风险共担、利益共享，共同完成价值创造和实现，有序推动能源结构的绿色低碳转型。

南方区域电力市场建设成效

  自2015年新一轮电力体制改革以来，我国的电力市场建设已经取得初步成果，北京、广州两家区域交易中心和各省级电力交易中心组建完成，跨省区和省内中长期市场运行平稳，以南方（以广东起步）电力现货市场为代表的全国首批8个现货市场试点均已进入试运行阶段。电力市场化改革所形成的社会福利显著，以南方区域电力市场为例，2019年南方区域电力市场就已通过市场化交易释放改革红利321亿元，节约标煤6179万吨，减少二氧化碳排放1.9亿吨，为降低用户用能成本、促进清洁能源消纳、推进碳达峰、碳中和发挥了至关重要的作用。

参考文献

［1］〔德〕黑格尔著，朱光潜译：《美学》第1卷，商务印书馆1979年版。

［2］《马克思恩格斯全集》第42卷，人民出版社1979年版。

［3］《马克思恩格斯全集》第3卷，人民出版社1960年版。

［4］毛泽东：《一九四五年的任务》，《解放日报》1944年12月16日。

［5］《马克思恩格斯选集》第3卷，人民出版社1995年版。

［6］《中国共产党第十八届中央委员会第三次全体会议文件汇编》，人民出版社2013年版。

［7］马克思：《1844年经济学哲学手稿》，人民出版社2000年版。

［8］《马克思恩格斯选集》第1卷，人民出版社2012年版。

［9］张一兵、蒙木桂：《神会马克思——马克思哲学原生态的当代阐释》，中国人民大学出版社2004年版。

［10］《列宁全集》第6卷，人民出版社1956年版。

［11］王峰明：《历史唯物主义——一种微观透视》，社会科学文献出版社2014年版。

［12］王峰明、冯克思：《劳动价值论与当代社会发展》，社会科学文

献出版社2008年版。

[13] 江文路、张小劲：《中国共产党人民观的演进逻辑与特征——基于历次党代会报告的词频统计和语料分析》，《社会主义研究》2019年第5期。

[14] 向春玲：《坚持人民主体地位　创造新的历史伟业》，《四川日报》2019年10月9日。

[15]《习近平谈治国理政》，外文出版社2014年版。

[16] 林尚立：《制度与发展：中国制度自信的政治逻辑》，《中共中央党校学报》2016年第4期。

[17] 中共中央宣传部编：《习近平总书记系列重要讲话读本（2016年版)》，学习出版社、人民出版社2016年版。

[18] 陆轶之：《建党百年中国共产党确立和坚持"群众路线"的实践与经验》，《学术探索》2021年第1期。

[19]《邓小平文选》第2卷，人民出版社1994年版。

[20]《毛泽东选集》第4卷，人民出版社1991年版。

[21]《党的十九大报告学习辅导百问》编写组：《党的十九大报告学习辅导百问》，党建读物出版社、学习出版社2017年版。

[22] 李成林：《中国共产党坚持人民主体地位的理论与实践探索》，《新视野》2021年第1期。

[23]《习近平谈治国理政》第1卷，外文出版社2018年版。

[24]《习近平谈治国理政》第3卷，外文出版社2020年版。

[25]《习近平谈治国理政》第2卷，外文出版社2017年版。

［26］宋月红：《用马克思主义唯物史观指导历史研究》，《红旗文稿》
2016年8月26日。

［27］马克思：《政治经济学批判序言》，柏林敦克尔出版社1859年版。

［28］ 丁余：《中国共产党人的人民观》，《中国纪检监察报》2020年
11月3日。

［29］何海燕、靳浩辉：《马克思"人的解放"思想的哲学变革》，
《中共福建省委党校学报》2017年第10期。

［30］何艳：《中国特色社会主义制度坚持人民主体地位的价值理
念》，《西部学刊》2018年第12期。

［31］陈理：《深刻理解把握我国进入新发展阶段的重要依据》，《中
共党史研究》2020年第6期。

［32］郑功成：《让广大人民群众共享改革发展成果》，《人民日报》
2016年3月23日。

［33］马大康：《从符号系统结构探析"文化基因"》，《社会科学》
2018年第4期。

［34］时应禄：《员工标准化考核与管理范本》，经济科学出版社2006
年版。

［35］王阳：《基于员工需求的非货币激励策略探析》，《中国人力资
源开发》2006年第5期。

［36］邓明：《从客户到用户》，《国际公关》2014年第3期。

［37］孙劲松：《用户思维，媒体融合成败的关键》，《采写编》2019
年第6期。

［38］吴寒、何颖：《基于聚类分析的网络用户画像研究》，《广东通信技术》2018年第9期。

［39］〔美〕约翰·沃瑞劳著，林南译：《用户思维》，中国友谊出版公司2015年版。

［40］路江涌、李卅立：《突破用户思维的局限》，《哈佛商业评论（中文版）》2016年8月刊。

［41］朱百宁：《自传播：为产品注入自发传播的基因》，电子工业出版社2017年版。

［42］沈亚斐：《基于消费者行为学的移动互联网业务的营销模式研究》，《消费导刊》2009年第2期。

［43］黄晓颖：《社群经济、电子商务与新型营销模式的关联融合》，《商业经济研究》2019年第14期。

［44］杨继瑞、薛晓、汪锐：《"互联网+"背景下消费模式转型的思考》，《消费经济》2015年第6期。

［45］阎宏毅：《市场营销演进及营销管理变革综述》，《中小企业管理与科技（上旬刊）》2016年第2期。

［46］李朝辉、金永生：《价值共创研究综述与展望》，《北京邮电大学学报（社会科学版）》2013年第1期。

［47］Robert B. Woodruff.Customer Valueahe Next Source for Competitive Advantage. *Journal of the Academy of Marketing Science*，1997(25)：139—153.

［48］范秀成、罗海成：《基于顾客感知价值的服务企业竞争力探

究》,《南开管理评论》2003年第6期。

［49］ Prahalad C. K., Ramaswamy V., Co-Opting Cus-tomer Competence, *Harvard Business Review*, 2000（78）: 79—87.

［50］ Porter M. E., *Competitive Advantage, Creating and Sustaining Superior Performance*, New York: The Flee Press, 1985.

［51］ 谢莹、可星:《基于组织流程的企业组织能力评价研究》,《科技管理研究》2011年第11期。

［52］ 蔡伟:《基于企业组织能力系统涌现的组织流程群协调模型研究》,昆明理工大学硕士学位论文,2011年。

［53］ 曹仰锋:《第四次管理革命》,中信出版集团2019年版。

［54］ 石志浩、雷海燕:《浅谈基层企业中层管理者在企业文化建设中如何发挥作用》,《管理学家》2014年第21期。

［55］ 董理:《基于员工需求的非货币激励策略探析》,《经济视野》2014年第11期。

［56］ 王笑晗:《创新型企业组织学习、动态能力与企业创新绩效的关系研究》,北京交通大学硕士学位论文,2019年。

［57］ 李静霞:《知识转移、组织学习与企业动态能力关系研究》,青岛大学硕士学位论文,2019年。

［58］ 刘石兰:《组织要素、组织能力视角下的顾客价值研究——关系分析、因子选择与因子优化》,同济大学博士学位论文,2007年。

［59］ 张蓓:《构建我国零售业商业生态系统》,同济大学博士学位论

· 文，2007年。

［60］胡斌：《企业生态系统的动态演化及运作研究》，河海大学博士学位论文，2006年。

［61］郭涛：《华为生态伙伴初探》，《中国计算机报》2017年2月20日。

［62］孙江：《国有制造企业生态系统资源配置及健康度评价研究》，天津大学博士学位论文，2013年。

［63］郑杭生：《"环境—社会"关系与社会运行论》，《甘肃社会科学》2007年第1期。

［64］杨忠直、陈炳富：《商业生态学与商业生态工程探讨》，《自然辩证法通讯》2003年第4期。

［65］曾宪聚、严江兵、周南：《深圳优化营商环境的实践经验和理论启示：制度逻辑与制度融贯性的视角》，《经济体制改革》2019年第2期。

［66］费显政：《企业与环境互动关系研究》，武汉大学博士学位论文，2005年。

［67］阳军、刘鹏：《营商环境制度完善与路径优化：基于第三方视角》，《重庆社会科学》2019年第2期。

［68］曾萍、邓腾智、宋铁波：《制度环境、核心能力与中国民营企业成长》，《管理学报》2013年第5期。

［69］孙连才：《商业生态系统视角下的企业动态能力与商业模式互动研究》，华中科技大学博士学位论文，2013年。

［70］钟耕深、崔祯珍：《商业生态系统理论及其发展方向》，《东岳

论丛》2009年第6期。

[71] 梁运文、谭力文：《商业生态系统价值结构、企业角色与战略选择》，《南开管理评论》2005年第1期。

[72] 汪传雷、张岩、王静娟：《基于共享值的物流产业生态圈构建》，《资源开发与市场》2017年第7期。

[73] 李然忠、刘德胜、谢明磊：《基于IP资源的商业生态优势构建——迪士尼商业生态系统案例分析》，《山东社会科学》2020年第11期。

[74] 范秀成、杜琰琰：《顾客参与是一把"双刃剑"——顾客参与影响价值创造的研究述评》，《管理评论》2012年第12期。

[75] 张维杰、孙明、甘翔：《基于用户全流程参与体验的工业互联网平台》，《上海信息化》2018年第10期。

[76] 刘俊杰：《美团点评盈利模式研究》，中国石油大学（北京）硕士学位论文，2019年。

[77] 薛伟贤、张娟：《高技术企业技术联盟互惠共生的合作伙伴选择研究》，《研究与发展管理》2010年第1期。

[78] 翟金芝、赵希男：《"互联网+"时代基于Markov链的企业战略联盟生态圈合作伙伴选择分析》，《技术经济》2016年第9期。

[79] 李柏洲、尹士、罗小芳：《基于双重组合赋权的战略联盟生态伙伴选择场模型——以数字化转型为背景》，《工业工程与管理》2020年第3期。

[80] 周文辉、陈凌子、邓伟、周依芳：《创业平台、创业者与消费者

价值共创过程模型：以小米为例》，《管理评论》2019年第4期。

［81］钮海津：《反光镜中国企业经营失败案例报道（2）广州标致汽车公司消失在黄埔大道东》，《中小企业投融资》2012年第6期。

［82］王倩倩：《商业生态系统的治理机制研究》，北京工业大学硕士学位论文，2012年。

［83］白鸥、魏江、斯碧霞：《关系还是契约：服务创新网络治理和知识获取困境》，《科学学研究》2015年第9期。

［84］姚艳虹、陈彦文、韩树强：《产学研协同创新冲突成因、特征及治理策略》，《企业经济》2017年第11期。

［85］韩周、秦远建、王苕祥：《中国企业协同创新网络治理研究》，《科学管理研究》2016年第1期。

［86］马力：《大数据环境下人文社会科学评价创新的研究》，武汉大学博士学位论文，2016年。

［87］杨远：《企业评价体系的理论框架》，《商场现代化》2009年第12期。

［88］冯明：《360度绩效反馈作用机制研究》，浙江大学博士学位论文，2000年。

［89］邱均平、谭春辉、任全娥：《人文社会科学评价理论与实践》，武汉大学出版社2012年版。

［90］章俊华：《同事反馈与个体创造力的关系研究》，浙江大学硕士学位论文，2008年。

［91］时雨：《360度反馈评价结构和方法的研究》，《科研管理》2002

年第 5 期。

［92］陈春花、赵海然：《共生：未来企业组织进化路径》，中信出版
集团 2018 年版。

［93］陈春花、朱丽：《协同：数字化时代组织效率的本质》，机械工
业出版社 2019 年版。

［94］陈春花：《价值共生：数字化时代的组织管理》，人民邮电出版
社 2021 年版。

［95］〔美〕菲利普·科特勒、〔印度尼西亚〕何麻温·卡塔加雅、〔印度
尼西亚〕伊万·塞蒂亚万著，王赛译：《营销革命 4.0：从传统
到数字》，机械工业出版社 2017 年版。

［96］陆庆平：《企业绩效评价新论——基于利益相关者视角的研
究》，东北财经大学博士学位论文，2006 年。

［97］德勤华永会计师事务所（特殊普通合伙）：《对标世界一流企
业——做优做强，管理提升之路》，经济管理出版社 2013 年版。

［98］〔美〕彼得·德鲁克：《管理：使命、责任、实务（实务篇）》，
机械工业出版社 2006 年版。

［99］徐峰：《人力资源绩效管理体系构建：胜任力模型视角》，《科
研管理》2004 年第 6 期。

［100］艾亮：《企业文化建设研究》，天津大学博士学位论文，2012 年。

［101］胡岗岚：《平台型电子商务生态系统及其自组织机理研究》，
复旦大学博士学位论文，2010 年。

［102］吴庆洲：《建筑哲理、意匠与文化》，中国建筑工业出版社

2005年版。

［103］邱均平、柴雯、马力：《大数据环境对科学评价的影响研究》，《情报学报》2017年第9期。

［104］安梅、于世美、汤梅等：《同行评议过程中审稿人的不同选择方式及审稿结果比较》，《编辑学报》2011年第S1期。

［105］赵黎明、徐孝涵、张卫东：《选择同行评议专家的指标体系》，《科研管理》1994年第6期。

［106］蔡琼、苏丽、丁宇：《从行政主导转向国家主导：我国科研评价制度的理性选择》，《科学学与科学技术管理》2009年第9期。

［107］戴彦：《企业内部控制评价体系的构建——基于A省电网公司的案例研究》，《会计研究》2006年第1期。

［108］张艳玲：《历史文化村镇评价体系研究》，华南理工大学博士学位论文，2011年。

［109］孟建民：《中国企业效绩评价》，中国财经出版社2002年版。

［110］彭豪祥：《有效教学反馈的主要特征》，《中国教育学刊》2009年第4期。

［111］王继业、季知祥、史梦洁、黄复鹏、朱朝阳、张东霞：《智能配用电大数据需求分析与应用研究》，《中国电机工程学报》2015年第8期。

［112］刘世锦：《读懂"十四五"：新发展格局下的改革议程》，中信出版集团2021年版。

［113］樊纲、郑宇劼、曹钟雄：《双循环构建"十四五"新发展格

局》，中信出版集团2021年版。

［114］王昌林：《新发展格局：国内大循环为主体，国内国际双循环相互促进》，中信出版集团2021年版。

［115］张占斌：《国内大循环》，湖南人民出版社2020年版。

［116］黄群慧、陈创练：《新发展格局下需求侧管理与供给侧结构性改革的动态协同》，《改革》2021年第3期。

［117］中华人民共和国国务院新闻办公室：《新时代的中国能源发展》，《人民日报》2020年12月22日。

［118］孟振平：《在落实碳达峰、碳中和目标中彰显电网企业战略支撑作用》，《人民日报》2021年3月24日。

［119］南方电网公司：《数字电网推动构建以新能源为主体的新型电力系统白皮书》，2021年4月。

［120］南方电网公司：《南方电网公司建设新型电力系统行动方案（2021—2030年）》，2021年5月。